海上设施工作人员海上交通安全技能
——海上设施避碰与通信

HAISHANG SHESHI GONGZUO RENYUAN
HAISHANG JIAOTONG ANQUAN JINENG
——HAISHANG SHESHI BIPENG YU TONGXIN

中国海事服务中心 组织编审

主编 / 赵月林 李文明 杨家轩

大连海事大学出版社
DALIAN MARITIME UNIVERSITY PRESS

图书在版编目(CIP)数据

海上设施工作人员海上交通安全技能. 海上设施避碰与通信 / 赵月林, 李文明, 杨家轩主编. — 大连 : 大连海事大学出版社, 2022. 8
ISBN 978-7-5632-4290-0

Ⅰ. ①海…　Ⅱ. ①赵… ②李… ③杨…　Ⅲ. ①海船—海上避碰规则—教材②航海通信—教材　Ⅳ. ①U698

中国版本图书馆 CIP 数据核字(2022)第 126699 号

大连海事大学出版社出版

地址:大连市黄浦路523号　邮编:116026　电话:0411-84729665(营销部)　84729480(总编室)

http://press.dlmu.edu.cn　E-mail:dmupress@dlmu.edu.cn

大连永盛印业有限公司印装　　大连海事大学出版社发行

2022 年 8 月第 1 版　　2022 年 8 月第 1 次印刷

幅面尺寸:184 mm×260 mm　　印张:8.75　　字数:212 千

出版人:刘明凯

责任编辑:董洪英　　责任校对:李继凯

封面设计:解瑶瑶　　版式设计:解瑶瑶

ISBN 978-7-5632-4290-0　　定价:28.00 元

编 委 会

前　言

为加强海上交通安全管理，提高海上设施工作人员专业技能，保障海上人命和财产的安全，防止海洋环境污染，中华人民共和国海事局依据《中华人民共和国海上交通安全法》，制定了《中华人民共和国海上设施工作人员海上交通安全技能培训管理办法》（于 2022 年 3 月 1 日起施行，以下简称《管理办法》）并依照该办法制定了《海上设施工作人员海上交通安全技能培训大纲》（以下简称《培训大纲》）。

为配合《管理办法》的实施，提高海上设施工作人员海上交通安全技能的培训质量，中国海事服务中心邀请国内具有丰富教学、培训经验和航海实践经验的知名专家学者，共同编写了本套培训教材。本套教材依据《培训大纲》编写，符合大纲对海上设施工作人员的培训要求，具有权威性、准确性、系统性、实用性。在详述理论知识的基础上，以丰富的案例和实践经验重点介绍实际工作中的应用，以此培养海上设施工作人员实践中理论结合实际的能力。

依据《培训大纲》的结构，本套教材分为《海上设施工作人员海上交通安全技能——海上交通基本安全》和《海上设施工作人员海上交通安全技能——海上设施避碰与通信》两本。本套教材可作为海上设施工作人员海上交通安全技能培训之用，亦可作为海上设施工作人员日常工作、学习的参考书。

本套教材的编写和出版工作，得到了各海事管理机构、教育培训机构及海上设施相关单位的关心和大力支持，特表谢意。

中国海事服务中心
2022 年 5 月

编者的话

本书是依据中华人民共和国海事局《中华人民共和国海上设施工作人员海上交通安全技能培训管理办法》及相应的《海上设施工作人员海上交通安全技能培训大纲》而编写的专业培训教材，旨在为海上设施工作人员提供海上交通安全技能的专业培训。

本书共三章。第一章绪论，概述了海上设施的定义和种类，阐述了有关海上设施值班设备和通信设备的配备要求，并概述了航海图书资料的查阅方法；第二章海上设施避碰与值班，扼要介绍了《1972 年国际海上避碰规则》，介绍了船舶和海上设施的号灯、号型、声响和灯光信号，以及常用的国际信号旗的使用方法，阐述了海上设施值班的要求、判断碰撞危险的方法，以及避免碰撞的行动；第三章海上设施通信，概述了全球海上遇险与安全系统，阐述了海上设施的各种通信方法和程序，并介绍了海上应急通信与海上搜救的方式。

本书由赵月林、李文明、杨家轩主编，杨立军参与编写。本书由王建军、王希行主审。全书由赵月林统稿。在编写及收集资料过程中，本书得到了多家海上石油开采企业的大力支持和帮助。在此谨向在本书编写工作过程中给予各种帮助的人士诚挚致谢。

本书是面向海上设施工作人员有关海上交通安全技能培训的专业教材，也可供其他海上设施工作人员和海事相关人员参考使用。

本书力求按照《海上设施工作人员海上交通安全技能培训大纲》的要求进行编写，以保证质量。因时间和水平有限，疏漏之处在所难免，敬请读者批评指正。

编　者

2022 年 3 月

目　录

第一章 绪论

2021年3月，我国南海某油田作业区内，一艘为油田服务的作业船在完成靠泊服务后，在守护平台期间，与其发生碰撞，导致在该平台下甲板作业的一名海上设施工作人员死亡，平台和船舶均不同程度地受损；同年7月，在南海另一油田作业区内，海上油田作业支持船在为平台守护舷外作业时，守护船舶与海上石油平台发生正面碰撞，造成平台部分设施变形损坏，守护船舶船壳板凹陷破裂，幸运的是未造成人员伤亡和环境污染。接连发生的两起典型油田作业服务船舶与海上设施碰撞的事故，均属于船舶与海上设施相撞的海上交通安全事故，给海上设施的交通安全敲响了警钟。分析事故原因，总结经验教训，加强船舶与海上设施的专业安全培训显得尤为重要和紧迫。

2021年9月1日正式施行的新修订的《中华人民共和国海上交通安全法》（以下简称《海上交通安全法》）专门就对海上设施工作人员进行海上交通安全相关的专业培训及海上设施应配备具备相应航海技能的专业人员等事项做了明确的规定。《海上交通安全法》第二章第十三条规定："中国籍船员和海上设施上的工作人员应当接受海上交通安全以及相应岗位的专业教育、培训。"第四章第三十三条规定："海上设施停泊、作业，应当持有法定证书、文书，并按规定配备掌握避碰、信号、通信、消防、救生等专业技能的人员。"

为加强海上交通安全管理，提高海上设施工作人员专业技能，保障海上人命和财产的安全，防止海洋环境污染，中华人民共和国海事局依据《海上交通安全法》，专门制定了《中华人民共和国海上设施工作人员海上交通安全技能培训管理办法》（以下简称《管理办法》），自2022年3月1日起施行。

根据《管理办法》，海上交通安全技能培训是指海上设施工作人员应接受的消防、救生等技能的基本培训和避碰、信号、通信等技能的专业培训。在中华人民共和国管辖水域内停泊、作业的海上设施上的所有工作人员应接受基本培训，承担避碰、信号与通信有关职责的工作人员还应接受专业培训。

第一节 ◎ 海上设施简介

一、海上设施与船舶的内涵和外延

随着航海技术的不断发展，各类新型海洋工程不断涌现，海上船舶与海上设施的类型也越来越多。根据《1972年国际海上避碰规则》（以下简称《规则》）、《海上交通安全法》、《中华人民共和国船舶和海上设施检验条例》（以下简称《船舶和海上设施检验条例》）等相关国际公约、法律、法规的相关规定，结合有关船级社的入级规范及提供服务的具体情况，海上设施与船舶的内涵和外延述如下。

（一）海上设施

《海上交通安全法》第一百一十七条2款规定："海上设施，是指水上水下各种固定或者浮动建筑、装置和固定平台，但是不包括码头、防波堤等港口设施。"

《海上交通安全法》所定义的海上设施的内涵，与《船舶和海上设施检验条例》（2019年修订）所规定的海上设施的内涵基本相同，只不过特别强调了不包括码头、防波堤等港口设施。

从海上设施的外延上，海上设施又可以分为非海洋石油类海上设施和海洋石油类海上设施。

1. 非海洋石油类海上设施

中华人民共和国海事局于2020年4月印发的《船舶技术法规体系框架（2020）》，进一步明确了非海洋石油类海上设施的技术分类和相关规则，并根据《海上浮动设施技术规则（征求意见稿）》和《海上固定设施技术规则（2021征求意见稿）》，非海洋石油类海上设施可分为海上浮动设施和海上固定设施。

（1）海上浮动设施系指采用缆绳、锚链或者张力筋腱或压载等非刚性固定方式长期系固在某一地点并漂浮（包括坐底工况）于海面的建筑或装置；

（2）海上固定设施系指通过导管架桩基、重力式基础或负压筒基础等底部支撑结构固定于海底，用于特定功能的建筑、装置。

2. 海洋石油类海上设施

海洋石油类海上设施，是指立于或位于水中或沿岸或其他断断续续被水覆盖的陆地上的被使用、将被使用或已被使用的用于海洋石油开发、生产的结构物，包括固定式生产平台、移动式生产平台、浮式储存装置、移动式钻井装置、人工岛、浮式旅馆、浮式生产储卸油装置（FPSO）、顺应塔生产平台、张力腿平台或深吃水立柱生产平台等。

（二）船舶

《海上交通安全法》第一百一十七条1款规定：船舶，是指各类排水或者非排水的船、艇、筏、水上飞行器、潜水器、移动式平台以及其他移动式装置。

《规则》从海上避碰的角度，对船舶做出了定义。在《规则》中，船舶是指用作或者能够用作水上运输工具的各类水上船筏,包括非排水船筏、地效船和水上飞机。显然,《规则》中船舶的定义强调的是“用作或者能够用作水上运输工具的各类水上船筏”。

《海上交通安全法》和《规则》中,船舶的内涵和外延相差不大,而且两者均将“移动式平台”或“移动式装置”纳入船舶的范畴。

(三)船舶与海上设施的区别与联系

通过对比《海上交通安全法》中船舶和海上设施的定义以及《船舶与海上设施法定检验规则》中涉及海上设施的检验规则发现,海上设施主要指水上水下各种固定或者浮动建筑、装置和固定平台,更加强调其海上浮动建筑、装置和固定平台通过底部支撑结构或者非刚性系泊缆索等固定在海上某一作业水域这一特性。而船舶是指用作或可以用作水上运输工具的各类水上船筏,更强调其可移动这一特性。

但是,在不同的分类方法下,船舶与海上设施并不是孤立的,而是存在某些交叉的。例如,海洋石油作业船舶和海洋石油移动平台,尽管按照定义它们属于船舶的范畴,但在海上石油生产安全监管中,包括对它们的检验,往往会被划入海洋石油作业设施的范畴。

二、海上设施的种类

按照不同的分类方法,海上设施有着不同的种类。

(一)按照海上设施安全监管法律体系进行分类

船舶和海上设施的安全监管法律体系如图 1-1-1 所示。

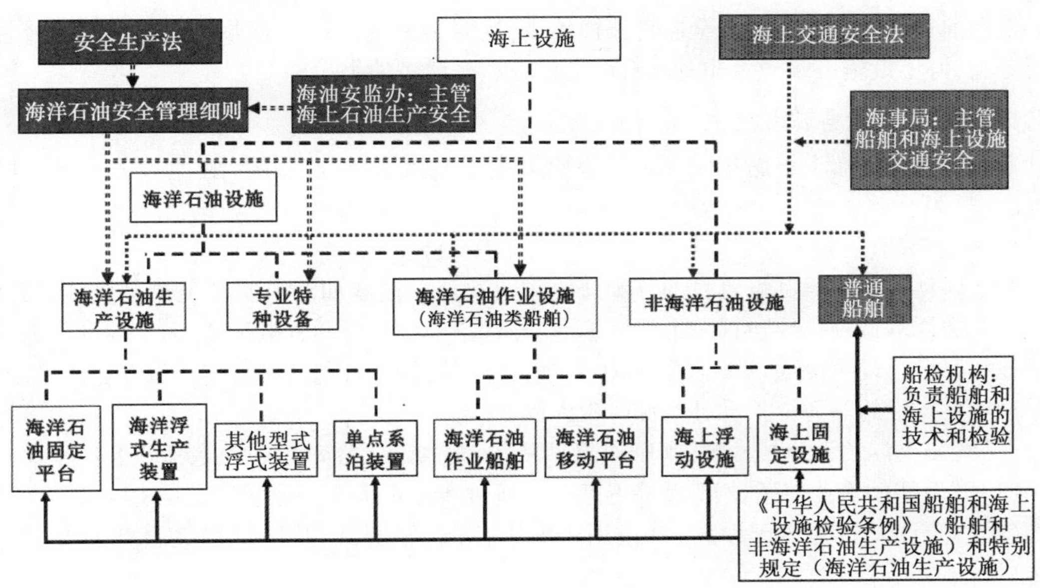

图 1-1-1 船舶和海上设施的安全监管法律体系

根据《海上交通安全法》的相关规定,交通运输部是负责全国海上交通安全的主管部门,而国家海事管理机构(即海事局)是负责全国海上交通安全的主管机关,后者主管船舶和海上设施的海上交通安全。船检机构(包括中华人民共和国船舶检验局和中国船级社),主要负责对船舶、海上设施和船运集装箱,以及国家海事管理机构确定的关系海上交通安全的重要船用设备、部件和材料的检验工作。

根据《中华人民共和国生产安全法》的相关规定，应急管理部是负责全国安全生产工作综合监督管理的国务院主管部门。同时，根据《海洋石油安全管理细则》（2015 年修订）的规定，国家安全生产监督管理总局（今应急管理部）海洋石油作业安全办公室（简称海油安办）负责对全国海洋石油安全生产工作实施监督管理。在国家安全生产监督管理总局并入应急管理部后，海洋石油安全生产监督管理办公室（简称海油安监办，挂靠在应急管理部下的“危险化学品安全监督管理二司”），仍然履行原海油安办的职责。同时，根据《海洋石油安全管理细则》的相关规定，涉及石油开发工程的海上设施可以分为油气生产设施、油气作业设施、专业设备等三大类。

对海上设施的检验主要依据《船舶和海上设施检验条例》。根据该条例第三章的相关条款，海上设施的所有人或者经营人，必须向中华人民共和国船舶检验局（以下简称船检局）设置或者指定的船舶检验机构（统称船检机构）申请相关海上设施的检验。但是，该条例第三十一条进一步补充规定：“海上设施中的海上石油天然气生产设施的检验，由国务院石油主管部门会同国务院交通主管部门另行规定。”即海上设施中的海上石油天然气生产设施的检验应当遵守国务院石油主管部门会同国务院交通主管部门制定的特殊规定。

因此，按照不同的海上设施监管的法律体系及所对应的主管机关，我国海上设施可分为两大类，即海洋石油类海上设施和非海洋石油类海上设施。海事局负责对所有海上设施交通安全的监管，而海油安监办专职面向海洋石油设施安全生产的监管。

（二）按照是否受海油安监办监管进行分类

根据前述的海上设施的安全监管法律体系，按照是否受海油安监办的安全生产监督管理进行分类，海上设施可以分为非海洋石油类设施和海洋石油类设施。

1. 非海洋石油类海上设施

非海洋石油类海上设施按照其主要特征和特性，又可以细分为海上浮动设施和海上固定设施。

1）海上浮动设施

海上浮动设施根据其设置目的分为海上作业类浮动设施和海上服务类浮动设施。其中，海上作业类浮动设施主要包括海上浮动渔业养殖设施、海上浮动发电设施、海上浮动电力升压站设施和海上浮动观测通信设施等；海上服务类浮动设施主要包括海上浮动旅游休闲设施、海上浮动停车场设施和海上浮动补给保障设施等。

根据《海上浮动设施技术规则（征求意见稿）》，各类海上浮动设施的定义如下：

（1）海上浮动渔业养殖设施：系指从事海上渔业养殖的海上浮动设施，如图 1-1-2 所示。

（2）海上浮动旅游休闲设施：系指用于海上休闲、旅游，以及提供相关服务的海上浮动设施。

（3）海上浮动发电设施：系指利用海上风能、海洋潮汐能、温差能、波浪能、潮流能，以及光伏进行发电的海上浮动设施。图 1-1-3 所示为海上浮动太阳能发电设施。

（4）海上浮动电力升压站设施：系指用于海上电力升压的海上浮动设施。

（5）海上浮动停车场设施：系指用于海上停车的海上浮动设施。

（6）海上浮动观测通信设施：系指用于海上观测通信的海上浮动设施。

图 1-1-2 海上浮动渔业养殖设施

图 1-1-3 海上浮动太阳能发电设施

(7)海上浮动补给保障设施:系指用于海上补给保障的海上浮动设施。

2)海上固定设施

根据《海上固定设施技术规则(征求意见稿)》,通过对建设的目的进行分类汇总,海上固定设施又可分为以下几种设施:

(1)海上固定电力升压站设施,如图 1-1-4 所示。

(2)海上固定风力发电设施,如图 1-1-5 所示。

(3)海上固定渔业养殖设施。

(4)海上固定旅游休闲设施。

(5)海上固定观测通信设施,如测风塔等。图 1-1-6 所示为海上固定测风塔。

(6)海底管道系统(包括陆上管道的海底穿越段)等。

2. 海洋石油类海上设施

根据《海洋石油安全管理细则》相关条例,将涉及海上石油类的海上设施分为海洋石油作业设施、海洋石油生产设施和专业特种设备。应当注意的是,海上石油作业设施(包括移动式

图 1-1-4　海上固定电力升压站设施

图 1-1-5　海上固定风力发电设施

图 1-1-6　海上固定测风塔

平台和作业船舶等)尽管属于受海油安监办安全监督管理的海洋石油设施,但从海上通航安全角度出发,它们仍然属于船舶的范畴。

(1)海洋石油作业设施:是指用于海洋石油作业的海上移动式钻井船(平台)、物探船、铺管船、起重船、固井船、酸化压裂船等设施。

(2)海洋石油生产设施:是指以开采海洋石油为目的的海上固定平台、单点系泊、浮式生产储卸油装置(FPSO)、海底管线、海上输油码头、滩海陆岸、人工岛和陆岸终端等海上和陆岸结构物。图 1-1-7 和图 1-1-8 分别为海上浮式生产储卸油船(FPSO)和海上固定石油生产平台。

图 1-1-7 海上浮式生产储卸油船(FPSO)

图 1-1-8 海上固定石油生产平台

(3)专业特种设备:是指海洋石油开采过程中使用的危险性较大或者对安全生产有较大影响的设备,包括海上结构、采油设备、海上锅炉和压力容器、钻井和修井设备、起重和升降设备等。

(三)按照海上设施的结构特点进行分类

按照结构特点,可以将海上设施分为以下几类。

(1)船式浮动设施:系指其结构型式为船型的海上浮动设施。

(2)柱稳式(半潜式)浮动设施:系指通过立柱或者浮筒将主甲板连接到水下壳体或柱靴上的海上浮动设施。

(3)多体式浮动设施:系指由多个单个浮体通过刚性或者柔性连接,且其上的人员可以通过通道安全到达任意一个单个浮体的海上浮动设施。

(4)框架式浮动设施:系指以框架为主体结构的海上浮动设施。

(5)其他型式海上浮动设施:系指具有其他结构特征的海上浮动设施,如圆筒型海上浮动设施、深吃水立柱型海上浮动设施、张力腿式海上浮动设施和海上单点系泊装置等。

(6)驳船式平台:系指无推进机械的、船型的水面式平台。

(7)导管架式固定平台:系指钢质导管架,通过打桩的方法固定于海底的平台。

(8)浮动式单点系泊装置:由1个浮体和浮体上的转台所组成的装置。该浮体由锚索固定于海底;而设置在浮体上的转台供船舶系缆用。

(9)海上人工岛:由钢筋混凝土组成的柱壳式结构,底部坐于海底并用群桩固定,其上部露出海面,可设置各种设备用于海上作业。如柱壳内部用于储藏石油,则称为海上储油人工岛。

(10)其他浮动式装置:具有其他结构特征的浮式装置,如深吃水浮筒平台和张力腿平台。

思考题

1. 请简述海上设施与船舶的定义。
2. 请简述海上设施与船舶的区别与联系。
3. 海洋石油类海上设施主要包括哪几类?
4. 非海洋石油类海上设施主要分为哪两种?每种包括哪些相关设施?

第二节 海上设施通信与导助航设施

一、海上设施导助航设施的配备

(一)构成船舶的海上设施的导助航设施的配备

如本章第一节所述,《海上交通安全法》和《规则》中,两者均将移动式平台或移动式装置纳入船舶的范畴。除此之外,《1974年国际海上人命安全公约》(简称SOLAS公约)将移动式钻井平台纳入船舶的范畴,且在某些条款中对移动式钻井平台进行了专门的规定。因此,有关海上移动式钻井平台的导助航设施的配备,应当根据SOLAS公约及其相应的修正案确定。

根据SOLAS公约第V章第19条的相关规定,船舶应根据其不同的吨位、航行区域和船舶种类、建造日期等因素来配备不同的导助航设施。

船舶上配备的导助航设施主要包括磁罗经、陀螺罗经、雷达及自动雷达标绘仪(ARPA)、GPS或北斗导航定位仪、船舶自动识别系统(AIS)、驾驶台航行值班报警系统(BNWAS)、与纸质海图及航海出版物等效的电子海图显示与信息系统(ECDIS)等。

(1)磁罗经,是指利用地球磁场引力作用制造的一种能够指示地理方位和船舶航向的仪器。磁罗经是每一艘船舶上必备的罗经。图1-2-1所示为我国生产的CPL-165型立式磁罗经。

(2)陀螺罗经,也称电罗经,是利用地球自转角速度和重力场的综合效应,使二自由度陀螺仪的自转轴自动寻找真北的惯性器件。陀螺罗经不受地磁和船体磁场的影响,定向准确,广泛应用于指示船舶的航向。图 1-2-2 为安许茨(Anschütz)22 型陀螺罗经。

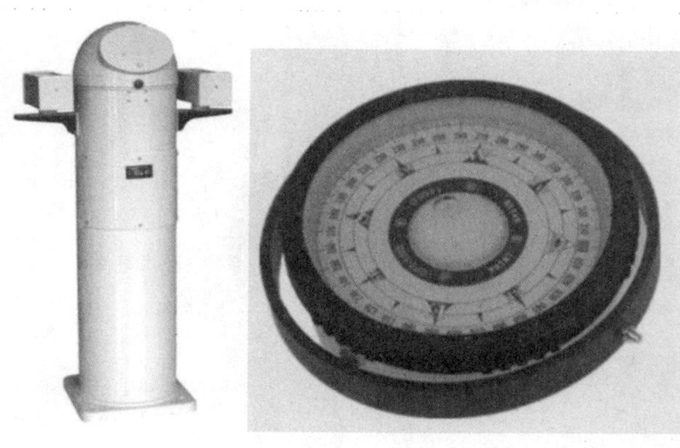

图 1-2-1 CPL-165 型立式磁罗经

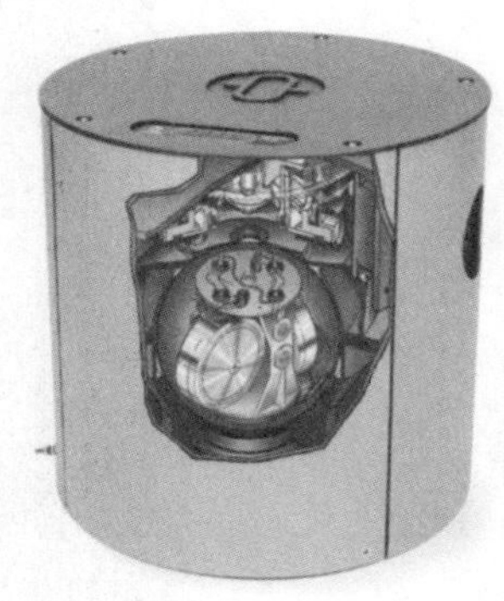

图 1-2-2 安许茨 22 型陀螺罗经

(3)雷达,是利用电磁波探测目标的电子设备,其通过发射电磁波对目标进行照射并接收其反射回波,获得目标至电磁波发射点的距离、距离变化率(径向速度)、方位等信息。自动雷达标绘仪(ARPA),是一种能自动跟踪、计算和显示选定物标回波并能预测避让结果的雷达系统。目前,大多数船舶上装设有雷达及自动雷达标绘仪。图 1-2-3 所示为日本古野(FURUNO)公司生产的 FAR-2117 型雷达。

图 1-2-3 FAR-2117 型雷达

(4)GPS,是利用 GPS 卫星,向全球各地全天候、实时性地提供三维位置、三维速度等信息的一种无线电导航定位系统;北斗导航系统,是中国自行研制的全球卫星导航系统。GPS 定位仪或北斗导航定位仪是利用 GPS 导航系统或北斗导航系统进行定位的船载导航仪器,其不仅能够确定船舶的位置,还能确定船舶的速度和移动方向。图 1-2-4 所示为日本古野(FURUNO)公司生产的 GP170 型 GPS 定位仪。

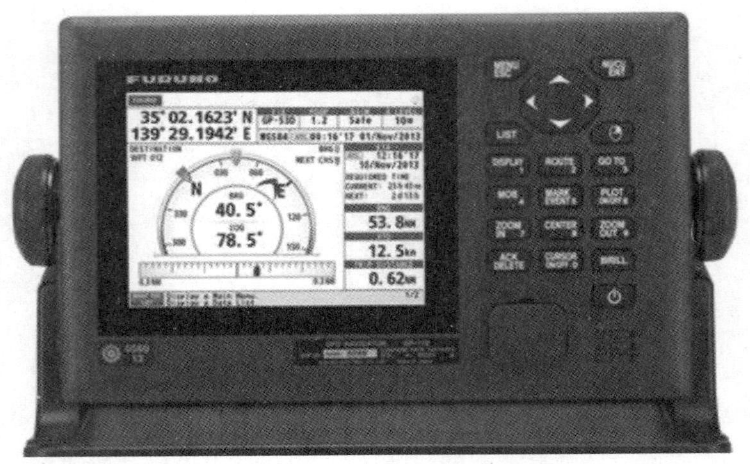

图 1-2-4　GP170 型 GPS 定位仪

(5)船舶自动识别系统(AIS),是一个广播式的应答器系统,能够自动在 VHF 波段向有相应装置的岸上管理部门、其他船舶和航空器提供包括船名、位置、航向、航速、航行状态等相关安全信息,同时 AIS 可实时获得本船周围 20 n mile 内目标船的上述信息,且不受气象和海况的干扰。图 1-2-5 所示为 SAAB R4 型 AIS。

图 1-2-5　SAAB R4 型 AIS

（6）ECDIS，是电子海图显示与信息系统（Electronic Chart Display & Information System）的简称，是指符合有关国际标准的船用电子海图系统，由主计算机系统、电子海图数据库、输入传感器和输出终端设备等四个部分组成。ECDIS 通过连接其他航海设备（如 GPS、AIS、雷达/ARPA、罗经、计程仪、VDR 等）获取航行信息并与之进行数据与信息交流，能够多样化显示海图，自动或手动改正海图，进行船舶动态（船位、航速、航向等）实时显示、航次计划制订与航线设计、航向航迹监控、航行自动报警与提示（如偏航、碰撞、进入限制区域）、自动存储本船航行记录、航行历史再现、航海信息查询（如水文、港口、潮汐、海流等），将雷达/ARPA 捕获到的目标以及通过 AIS 接收到的目标动态叠加显示在海图上等。图 1-2-6 所示为 Sperry 公司生产的 ECDIS 设备。

图 1-2-6 Sperry 公司生产的 ECDIS

（二）不构成船舶的海上设施的导助航设施的配备

对于不构成船舶的其他海上设施，SOLAS 公约及其相应的修正案对此类海上设施的导助航设备的配备并没有强制性的规定，我国也尚未制定相应的强制性规范，而仅有相关船级社制定的检验指南，如中国船级社制定的《海上生产设施救生设备、无线电通信设备、航行信号设备法定检验指南》。我国主管机关目前正在就《海上固定设施技术规则》《海上固定设施检验规则》《海上浮动设施检验规则》等的制定征求意见，这些新规则将纳入有关海上设施如何配备导助航设备、救生设备等内容。

二、海上设施无线电通信设备的配备

与海上设施的导助航设施的配备类似，对于构成船舶的海上设施，其应当根据 SOLAS 公约第Ⅳ章的要求配备无线电通信设施；对于不构成船舶的其他海上设施，SOLAS 公约及其相应的修正案对此类海上设施的无线电通信设施的配备并没有强制性的规定，我国也尚未制定相应的强制性规范，而仅有相关船级社制定的检验指南，如中国船级社制定的《海上生产设施救生设备、无线电通信设备、航行信号设备法定检验指南》。我国主管机关目前正在制定的《海上固定设施技术规则》《海上固定设施检验规则》《海上浮动设施检验规则》将包含对海上设施配备无线电通信设备的要求的内容。现将船舶和海上设施上可能配备的主要无线电通信设施介绍如下。

（一）船载地面通信设备

地面通信系统包括中高频（MF/HF）无线电话系统、甚高频（VHF）无线电话系统、数字选择性呼叫（DSC）系统、窄带直接印字电报（NBDP）系统、奈伏泰斯（NAVTEX）系统和搜救寻位系统。满足全球海上遇险与安全系统（Global Maritime Distress and Safety System，GMDSS）要求的船载地面通信设备包括：

（1）中高频（MF/HF）通信设备，包括单边带无线电话、DSC、NBDP、DSC 值守接收机；

（2）甚高频（VHF）通信设备，包括 VHF 无线电话、DSC、DSC 值守接收机；

（3）便携式 VHF 双向无线电话设备；

（4）奈伏泰斯（NAVTEX）接收机；

（5）搜救雷达应答器（Radar-SART）；

（6）自动识别系统搜救发射器（AIS-SART）。

单边带无线电话和 VHF 无线电话分别用于船岸间和船舶间的中距离、远距离和近距离无线电话的遇险、安全和常规通信。

DSC 设备和 NBDP 设备是地面通信系统的数字化通信终端。DSC 终端与全球定位系统（GPS）相连，船位等信息可自动输入，船舶采用 DSC 终端在 MF、HF 和 VHF 频段可实现遇险报警、遇险转发、遇险确认，同时它也是船与船之间、船与岸之间建立常规无线电通信的一种可靠呼叫手段。NBDP 终端采用自动通信技术，占用较窄的通信频带（约 0.5 kHz 带宽），在遇险、安全和常规通信中可通过 MF、HF 频段实现无线电传的自动收发，并且输出是直接以打印形式给出的，它的出现取代了海上传统莫尔斯（Morse）电报。

单边带无线电话、VHF 无线电话、DSC 设备、NBDP 设备以及 Inmarsat-C 船站组合在一起，形成了 GMDSS 组合电台，如图 1-2-7 所示。

便携式 VHF 双向无线电话设备用于近距离无线电话通信，遇险时还可由船舶、救生艇筏上的人员携带，实现救助现场通信；日常中也可完成常规通信和驾驶台对驾驶台的通信功能。图 1-2-8 所示为 Sailor 公司三种型号的便携式 VHF 双向无线电话设备。

NAVTEX 接收机用于接收 NAVTEX 系统播发的海上安全信息。图 1-2-9 所示为日本古野（FURUNO）NX-700 型 NAVTEX 接收机。沿海近距离的海上安全信息是通过 NAVTEX 系统播发的，各国主管部门依据国际海事组织（IMO）的相关规定，设立相应的海岸电台，在 518 kHz 频率上向 400 n mile 以内海域的船舶用英语按时播发海上安全信息，船载 NAVTEX 接收机自

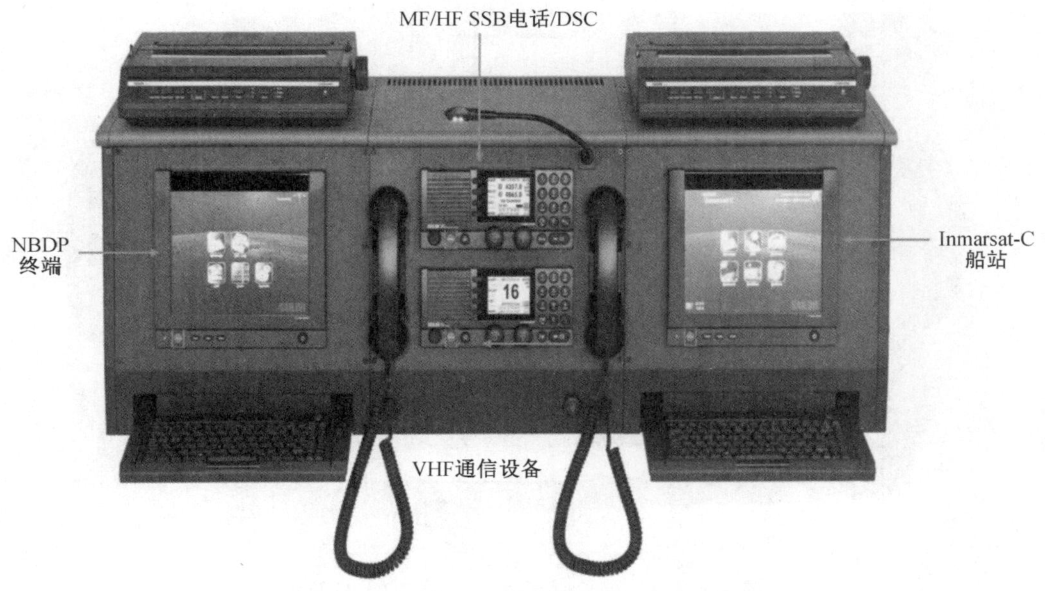

图 1-2-7 Sailor 6000 型 VHF、MF/HF 通信设备(组合电台)

图 1-2-8 Sailor SP3510、SP3515、SP3520 型便携式 VHF 双向无线电话

动接收,并打印(某些新型接收机直接存储);也可在其他规定的频率上使用本国语言进行安全信息的播发与接收。目前,许多厂家生产的 NAVTEX 接收机可同时接收 490 kHz、518 kHz 和 4 209.5 kHz 和频率的信号,并可对所接收的信息直接保存,但早期生产的 NAVTEX 接收机不能保存接收到的海上安全信息(Maritime Safety Information,MSI)的全部内容,仅存储电文编号,海上安全信息的内容则直接打印。

搜救寻位装置可选用搜救雷达应答器(Radar-SART),也可选用 AIS 搜救应答器(AIS-SART),它们可由遇险船舶、救生艇筏或落水人员携带。当发生遇险事件时,这两种设备均可人工启动,此时就会在救助船舶的相应设备上标识出遇险目标的位置。Radar-SART 工作在 9 GHz 波段,当救助船舶或飞机上的 X 波段雷达发射信号触发 Radar-SART 时,它将发出应答信号,并在救助船舶或飞机的雷达屏幕上显示出遇险目标的位置,从而迅速对遇险者进行救助。同时 Radar-SART 上有听觉和视觉指示,提醒幸存人员有救援人员已到达附近,从而增强幸存

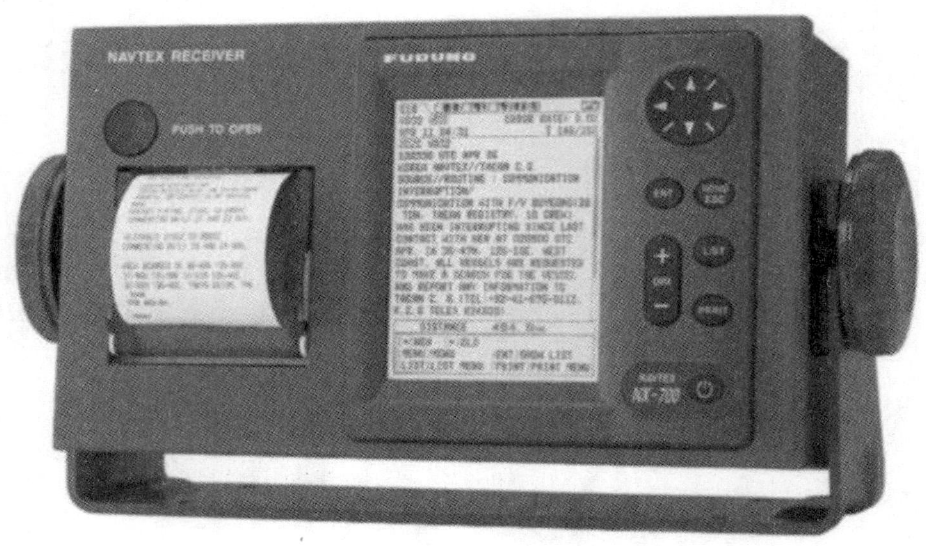

图 1-2-9　FURUNO NX-700 型 NAVTEX 接收机

人员获救的信心。AIS-SART 工作在 AIS 系统的专用频道(CH 87B 或 CH 88B),内置了全球卫星导航系统(GNSS)接收装置,具有独特的九位数字识别码。当船舶遇险时,人工开启 AIS-SART,会在专用信道上自动发射遇险报警信息,遇险目标周围的船舶收到该特殊信息后,在 AIS 设备上显示 AIS-SART 的准确位置,如果雷达已经与 AIS 设备连接,则在雷达上也显示 AIS-SART 所发射的信息。AIS-SART 比 Radar-SART 的定位速度更快、更准,特别是在恶劣海况下,能够更迅速、更准确地对遇险船舶或遇险人员定位。图 1-2-10 为 Kannad RESCUER 2 型 Radar-SART,图 1-2-11 为 JOTRON 公司生产的 AIS-SART。

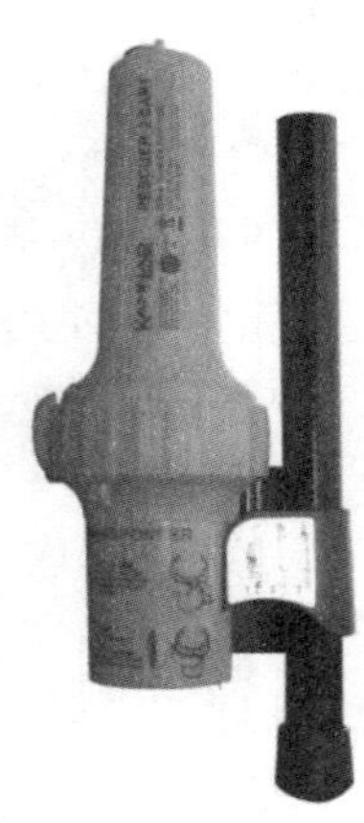

图 1-2-10　Kannad RESCUER 2 型 Radar-SART

图 1-2-11　JOTRON 公司生产的 AIS-SART

（二）船载卫星通信设备

1. 满足 GMDSS 要求的卫星通信设备

在 GMDSS 中使用了三种卫星通信系统，即国际移动卫星通信系统（Inmarsat）、铱星系统（Iridium）和国际搜救卫星系统（COSPAS-SARSAT）。满足 GMDSS 要求的船载卫星通信设备包括：

（1）Inmarsat-C 船站

Inmarsat-C 系统是一种低速率、双向全球卫星移动数据通信的系统。Inmarsat-C 船站是 Inmarsat-C 系统的船载终端，没有电话功能，可以接入国际电传和数据通信网络，实现存储转发报文、增强群呼（Enhanced Group Calling，EGC）、遇险呼叫、数据报告和询呼等功能。图 1-2-12 为 Sailor 6110 型 Inmarsat-C 船站。

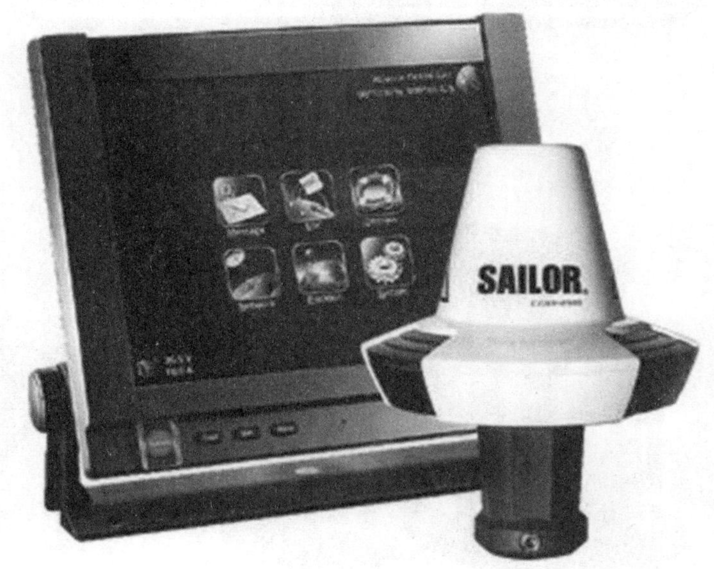

图 1-2-12　Sailor 6110 型 Inmarsat-C 船站

（2）海事安全终端（Maritime Safety Terminal，MST）

海事安全终端（MST）是基于 Inmarsat-FBB 系统的船队安全（Fleet Safety）业务终端，可实现遇险报警、接收海上安全信息、语音报警和常规通信等功能，如图 1-2-13 所示。船队安全业务于 2018 年 5 月通过认可，符合 GMDSS 要求。

（3）铱星系统设备

2020 年 1 月，铱星系统提供符合国际移动卫星组织（IMSO）监管的 GMDSS 服务，可提供安全语音服务、短脉冲数据服务和增强群呼（EGC）功能。铱星的合作制造商 Lars Thrane 公司开发的 LT-3100S 型铱星系统船载终端整合遇险报警、安全语音和海上安全信息的接收等三种 GMDSS 业务，成为第一个真正提供全球 GMDSS 服务的铱星系统设备，如图 1-2-14 所示。

（4）406 MHz 紧急无线电示位标（EPIRB）

406 MHz 紧急无线电示位标（EPIRB）是 COSPAS-SARSAT 的船载设备，是 GMDSS 中重要的船对岸报警装置。它的作用是发射遇险报警和搜救时帮助确定幸存者位置。遇险目标可利

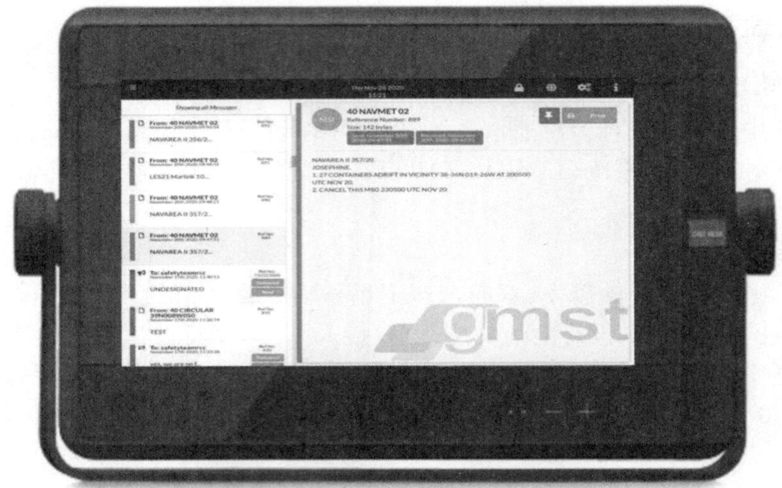

图 1-2-13　海事安全终端

图 1-2-14　LT-3100S 型铱星系统设备

用其自身携带的示位标自动或人工启动发射遇险报警信号，COSPAS-SARSAT 系统可根据收到的报警信号迅速确定遇险目标的位置，从而进行及时、有效的救助。图 1-2-15 所示为 McMurdo E5 型 EPIRB。

2. 其他卫星通信设备

除满足 GMDSS 要求的卫星通信设备外，有些船舶或海上设施根据实际通信需要，还装配了非 GMDSS 的卫星通信设备，用于常规通信。如 Mini-M 船站、海事卫星宽带（Fleet Broadband，FBB）终端和甚小口径卫星通信终端（Very Small Aperture Terminal，VSAT）、全球星（GlobalStar）系统终端等，它们都具有强大的数据和语音通信功能。

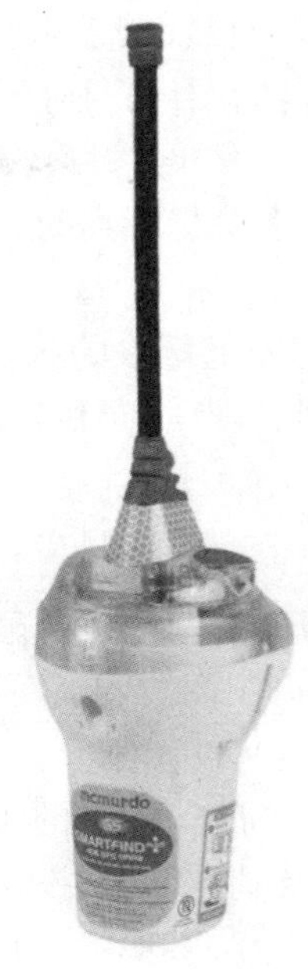

图 1-2-15 McMurdo E5 型 EPIRB

三、航海图书资料概述

航海图书资料在 SOLAS 公约中称为“海图或航海出版物”，是指满足航海要求的专用的图或书，或者支持这种图或书的经特殊编辑的数据库，由政府主管机关，或经授权的水道测量局，或其他相关的政府机构正式颁布。船舶或海上设施在制订航行计划以及航行过程中，都需要查阅相关的航海图书资料。

有关航海图书资料的配备，IMO 在 SOLAS 公约中提出了相应的原则性要求，而 IMO 海上安全委员会(MSC)于 2006 年以通函的方式进一步明确了船舶应配置的航海图书资料。航海图书资料，除海图外，主要包括《世界大洋航路》、航路设计图和航路设计指南图、《航路指南》、《中国港口指南》/《进港指南》、《无线电信号表》、《灯标表》/《灯标和雾号表》、《潮汐表》、《航海图书目录》、《航海通告》和其他图书资料等。

（一）海图

海图是以海洋及其毗邻的陆地为描述对象，为航海的需要而专门绘制的一种地图，在海图上绘制有航海所需的各种资料，如岸形、岛屿、浅滩、沉船、水深、底质、碍航物和助航设施等。

海图是航海的重要工具之一。航行前拟订计划航线、制订航行计划，航行中进行航迹推算和定位，航行结束后总结航行经验和发生海事后分析事故原因、判断事故责任等，均离不开海图。

1. 墨卡托海图的特点

航用海图中，95%以上的海图采用墨卡托投影，仅有大比例的港泊图、大圆海图等少数海图采用高斯投影、平面图和心射投影等投影方法。

墨卡托投影的特点是，其图上的恒向线为直线，投影性质是等角投影；这种海图也称为墨卡托海图。墨卡托海图具有以下特点：

(1)图上的经线为南北向相互平行的直线，其上有量取纬度或距离用的纬度图尺；纬线为东西向相互平行的直线，其上有量取经度的图尺；且经线和纬线相互垂直。

(2)图上经度 1′(1 赤道里)的长度相等，但纬度 1′(1 海里)的长度随纬度的升高而逐渐变长，存在纬度渐长现象。因此，在海图上测量距离时，应当在相同或相近纬度上的纬度图尺上测量，而不能在经度图尺上测量。

(3)海图上的恒向线为直线，且在海图上量取的物标的方位角与地面对应角相等。因此，在海图上画的直线就是恒向线，并可据此量取航向和方位。

2. 识图

为了正确和熟练利用海图上的航海资料，航海人员必须了解和熟悉各种海图图式的含义以及图上的各种图注和说明。我国出版的海图是按照国家标准《中国海图图式》(GB 12319—1998)绘制的，而英版海图是根据《英版海图图式和缩写》(Chart 5011)绘制的。

(1)海图标题栏与图廓注记

海图标题栏一般刊印在海图内陆处或航行不到的水面上，标题栏的内容包括出版者机关的徽志、图幅的地理位置、图名、比例尺及基准纬线、投影名称、坐标系说明、深度和高程计量单位及其基准面说明、等高距、图式说明及注意事项等。在使用英版海图时，应特别注意其是米制海图还是拓制海图。

在海图图廓四周注记有许多与出版和使用海图有关的资料，主要包括海图图号、发行和出版情况、航海通告/小改正说明、图幅尺寸和对数图尺等。

(2)海图的高程基准面和深度基准面

海图上所标山头、岛屿、明礁等高程的起算面称为高程基准面。我国沿海地区一般采用“1985 国家高程基准”作为高程基准，特殊情况下亦采用当地平均海面作为高程基准。英版海图一般采用平均大潮高潮面(以半日潮为主的海区)、平均高高潮面（以日潮为主的海区)或当地平均海面(在无潮海区)为高程基准面。

海图上所注水深的深度起算面称为海图深度基准面，也是干出高度的起算面。我国沿海地区一般采用理论最低潮面(旧称理论深度基准面)作为深度基准。英版海图水深通常采用天文最低低潮面作为起算面。

(3)常用的高程、水深海图图式

常见的高程、水深海图图式如表 1-2-1 所示。各种比例尺海图上，通常还以一定的间距标明海底底质，如沙(sand，S)、泥(mud，M)、黏土(clay，Cy)、淤泥(silt，Si)、石(stones，St)、岩(rock，R)、珊(coral and coralline algae，Co)、贝(shells，Sh)等。

表 1-2-1 常见的高程、水深海图图式

类别	中版图式	说明	英版图式
等高线及高程点	345.3 250	实线表示精测等高线，虚线或无高程的等高线为山形线（草绘曲线）	259 200 100 360 300 200 100
建筑物高程	15.3	高程基准面至建筑物基部地面的高度	
建筑物顶高	(35.3)	高程基准面至建筑物顶端的高度	(30)
建筑物比高	(20)	建筑物基部地面至顶端的高度	(30)
树梢概略高度	$\overline{85}$	高程基准面至树梢顶端的高度	$\overline{52}$
存在有疑问	疑存	表示对礁石、浅滩等的存在有疑问	ED (ED)
深度可疑	疑深	表示深度可能小于已标明的水深注记	(40) SD
据报	据报(1988)	表示未经测量，据报的航行障碍物（据报年份）	Rep (1973) Repd (1973)
实际位置的水深	15_8 6_4	实测水深，注记（整数）中心即为水深实测点	12 9_2
移位水深	+ (13) 123	表示附近礁石或用等深线显示地形的最浅水深	3349
狭水道最浅水深	(8_4)	表示狭水道内的最浅水深	(14_7)
未测到底的水深	$\dot{\overline{198}}$	表示测到一定深度但尚未测到底的深度	$\dot{\overline{330}}$
直体注记水深	15_8 6_4	表示深度不准或采自小比例尺图的水深	12 9_1
干出高度	$\underline{1}_4$ $\underline{2}$	表示深度基准面以上的高度	$\underline{4}_0$ $\underline{2}$

（4）礁石、沉船和障碍物图式

常见的礁石、沉船和障碍物的海图图式如表 1-2-2 所示。

表 1-2-2　常见的礁石、沉船和障碍物海图图式

危险物	中版图式	说明	英版图式
明礁(屿)	(2.6)　(1.3)　(1.2)	平均大潮高潮面时露出的孤立岩石	4.1 0　(3.1) 0　(1.7) 0
干出礁	(2_5)　(1_5)　(1_6)	平均大潮高潮面下，深度基准面上的礁石	(1_6)　(1_4)　(3_2)　Dr 1.6m
适淹礁		在深度基准面适淹的礁石	
暗礁		在深度基准面下，深度不明的危险暗礁	
	(4_1)　(4_6)	在深度基准面下，已知深度的危险暗礁	(4_6)　(11_2)　4_5 R
	23 岩	非危险暗礁(中版水深大于 20 m)	30 R
水下珊瑚礁	珊	位于深度基准面以下的珊瑚礁	Co　Co
浪花	5_2 浪花	多礁区，海浪冲击波涛汹涌，船只不能靠近的区域	5_8 Br
船体露出水面沉船	船	船体露出大潮高潮面，按比例画出	Mast (1.2) Wk
干出沉船	船	大潮高潮面下，深度基准面上，按比例画出	Mast (1_2) Wk
已知深度水下沉船	船	深度基准面下已知深度沉船，按比例画出	Wk　Wk
深度不明水下沉船	船	深度基准面下深度不明沉船，按比例画出	Wk　Wk
部分船体露出沉船		部分船体露出深度基准面，不按比例画出	
仅桅杆露出的沉船	桅	仅桅杆露出深度基准面以上的沉船	Mast (1.2) Mast (1_2) Funnel　Masts
已知最浅深度沉船	4 船　27 船	经测深已知最浅深度的沉船	4_6 Wk　25 Wk
经扫海探测的沉船	4 船　27 船	经扫海(或潜水员探测)的最浅深度沉船	4_6 Wk　25 Wk
危险沉船		深度≤20 m(英版≤28 m)的沉船	
非危险沉船		深度>20 m(英版>28 m)的沉船	
未精测沉船	27 船	未经精确测量，最浅水深不明的沉船	20 Wk
沉船残骸及其他碍锚地	碍锚地　#	沉船残骸及其他有碍抛锚和拖网的区域	Foul　#　Foul
深度不明的障碍物	碍　碍	深度不明的障碍物	Obstn　Obstn
已知最浅深度的障碍物	2 碍　17 碍	已知最浅深度的障碍物	4_3 Obstn　17_3 Obstn
经扫海的障碍物	6 碍　17 碍	经扫海或潜水探测的最浅深度障碍物	4_3 Obstn　16 obstn
渔栅		捕鱼用木栅、竹栅或系网捕鱼的桩等	
渔礁	(2_6)	深度不明或已知深度的渔礁	(2_6)
贝类养殖场	贝	养殖贝类的场地	Shellfish Beds

(5)助航标志图式

常见的助航标志的海图图式如表 1-2-3 所示。

表 1-2-3 常见的助航标志的海图图式

名称	中版图式	说明	英版图式
灯塔、灯桩		左图为灯塔，右图为灯桩	Lt Lt Ho
设灯的平台		装有灯标的海上平台	
塔形灯桩	黑黄 塔形	塔形灯桩用此符号表示	BY Bn Tr Bn Tower Bn Tr
灯船		中版海图上，区分有人(左)和无人(右)看守	Lt V
蓝比(大型航标)		表示大型助航浮标(LANBY)	
导灯	269°17′	两个或两个以上前后重叠，构成导航线的灯	Occ.4s12M Oc.R 4s10M Lights in line 269°
海岸雷达站	雷达	根据船舶要求，能提供其方位和距离的海岸雷达站	Ra
雷达指向标	雷信	表示能连续发射信号的雷达信标	Ramark
雷达应答标	雷康(K)	具有莫尔斯信号(K)，在 3 cm 频带内应答	Racon (K)
雷达应答标	雷康(K) (10 cm)	具有莫尔斯信号(K)，在 10 cm 频带内应答	Racon (K) (10 cm)
雷达应答标	雷康(K) (3&10 cm)	具有莫尔斯信号(K)，在 3 cm 和 10 cm 频带内应答	Racon (K) (3&10 cm)
雷达反射器		用于装有雷达反射器的航标所用标志	Ra.Refl.
雷达显著物标		用于雷达影像显著的物标所用标志	Ra conspic
无线电信标	环向	全向无线电信标	Name RC
无线电信标	定向269°.5	定向无线电信标	RD 270° RD
无线电信标	旋向	旋转辐射无线电信标	RW
无线电测向台	测向	提供无线电定位业务的岸基无线电测向台	RG Ro.D.F.
无线电答询台	答询	海岸无线电答询指向台	R Ro
航空信标	空指向	供航空用的无线电信标	Aero RC Aero RC

(6)其他重要图式

其他重要海图图式如表 1-2-4 所示。

表 1-2-4 其他重要海图图式

名称	中版图式	说明	英版图式
生产平台、其他平台、井架	青龙	生产平台及其他平台、井架，并加注名称或编号	Z-44
已知最大吃水航道	6.5m	已知最大吃水深度的航道	7.3m
已知最大吃水推荐航道	6.5m	已知最大吃水深度的推荐航道	7.3m
深水航道	深水 26m	已知最浅水深供深吃水或限于吃水船的航道	DW20m
无线电报告点	3	又称船舶动态报告点，数字表示编号	3
限制区界限		用以表示出于某种原因，航行受限制的区域界限	
引航站		表示引航巡逻船或引航船会船(登船)位置	Name Note H

3. 使用海图的注意事项

(1)尽可能选择现行版大比例尺海图，并要善于鉴别海图的可信赖程度。

(2)海图使用前，应根据航海通告和有关的无线电航行警告及时加以改正。

(3)海图空白处表示未经测量，应视为航海危险区避开。

(4)海图也可能存在误差，特别是资料陈旧的旧版海图，对它不能盲目信赖。

（二）中版的航海图书资料

在中国沿海航行和作业的船舶和海上设施，可以使用中文版的航海图书资料。这些航海图书资料包括：

1.《航路指南》和《中国港口指南》

中版《航路指南》由中国人民解放军海军海道测量局出版，共有 20 余卷，内容涉及中国沿海、亚洲及太平洋水域。其中，《中国航路指南》介绍了中国沿海的情况。《航路指南》每卷内容的编排基本相同。第一章为总论，介绍本卷所包括海区的自然地貌、水文气象、航路、港湾锚地和航标等情况。从第二章开始分区顺岸详细介绍有关航海资料，包括概况、水文气象、助航标志、碍航物、水道航法和港湾锚地等；正文中还附有大量的有关水深、底质、水文气象和航线等的插图和对景图。最后给出几个附录，介绍有关航行安全、船舶管理、海关关于船舶及货物的进出口管理、船舶污染海域管理和危险货物监督管理等的法规和条例。

《中国港口指南》由中国人民解放军海军海道测量局不定期出版，主要记述中国沿海主要港口的情况，是船舶进出港航行、停泊、作业、办理手续、申请服务等需要参考的基本航海资料。

2. 中国沿海《航标表》和《中国海区无线电信号表》

中国沿海《航标表》分两部分：第一部分载有灯塔、灯船、灯桩、灯浮、立标、浮标的编号、名称、位置、灯质、高程、射程、构造等资料；第二部分载有无线电指向标的位置、射程、周期、工作种类、信号发射、工作时间等资料。

《中国海区无线电信号表》刊载中国沿海的各种无线电通信与信息播报台表、无线电授时台表、卫星差分台站(DGPS)表、船舶自动识别系统表、无线电指向标表、雷达应答类表、甚高频表、差分北斗卫星导航系统表等。

3.《潮汐表》

《潮汐表》是预报各港口潮时、潮高的表册,每年出版一次。《潮汐表》刊有主港高潮、低潮的潮高和潮时,还可用以推算附属港高潮、低潮的潮高和潮时,以及任意潮时和潮高。

4.《航海图书目录》

中版《航海图书目录》为中国人民解放军海军海道测量局出版的不定期出版物。其中汇集了中国人民解放军海军海道测量局出版的世界海区航海图、中国沿海海区总图、航行图、港湾图、渔业图、形势图等专用图的目录,以及各类航海图表及其他出版物的目录等,供国内外使用者查阅航海图书出版物的编号、名称、比例尺、出版时间等内容。目前,中华人民共和国海事局也出版相应的海图和图书目录。

5.航海通告

航海通告是用以通报涉及航行安全和改正航海图书的定期或不定期出版物。其主要内容为:助航设备的变化情况,水中危险物和障碍物的发现、清除情况,水工建筑物的变化情况,各种界线、航行规章、航法以及保证航行安全的其他规定的变更情况,发布新版航海图书消息,刊登仍有效的无线电航海警告等。它是改正海图、航路指南和其他航海图书的依据。通常每周出版一期。航海通告的发行方式有传统的纸面印刷和数字化发行两大类。数字化发行即利用软盘、光盘、无线电传送、网络等手段进行通告的分发。

航海通告到船后,应立即进行处理,以便及早了解航线附近最近发生的变迁或变更,同时也为着手对海图及其他航海图书资料的改正做好准备。

6.无线电航行警告

无线电航行警告是通过国际分工协作的方式,由海岸无线电台通过NAVTEX或EGC播发有关可能危及船舶航行安全的最新通告,属于海上安全信息(MSI),但在航海实践中也被划分到航海图书信息类。无线电航行警告的内容是航海通告未发布的新消息,每天由各海岸电台按规定的时间和频率播发。其主要内容包括:助航设施发生变动、损坏和故障的情况;新发现或新出现的危及航行安全的浅滩、暗礁和沉船及其标志;漂雷及其他大型漂浮物的动态;危及航行安全的各种水下作业的动态;操纵能力受限的拖带船和超大型船的动态;在航道或其附近的石油勘探设施的动态;影响航行安全的海上演习、导弹发射、核试验、太空飞行器的发射和溅落;等等。

船舶收到无线电航行警告后,应当立即进行处理并标注到相关的海图上,以确保航行安全。

(三)英版的航海图书资料

从事国际航行或作业的船舶和海上设施,在中版航海图书资料不能覆盖其通航或作业水域的情况下,应配备相应的英版航海图书资料,这些航海图书资料主要包括:

(1)《世界大洋航路》、航路设计图与航路设计指南图;

(2)英版《航路指南》和英版《进港指南》;

(3)英版《无线电信号表》和英版《灯标和雾号表》;

(4)英版《潮汐表》;

(5)英版《航海图书总目录》;

(6)《航海员手册》;

(7)英版航海通告及航海通告年度摘要等。

(四)其他图书资料

除上述航海图书资料外,船舶/海上设施根据其航行或作业区域,尚需要配备《1972 年国际海上避碰规则》、《中国沿海港口信号表》、《国际无线电规则》、《国际信号规则》、《1974 年国际海上人命安全公约》及其修正案、《经 1978 年议定书修正的 1973 年国际防止船舶造成污染公约》及其修正案、《国际航空和海上搜寻救助手册》、《标准航海用语》、《国际海运危险货物规则》、《航海表》、《航海天文历》等图书资料。

思考题

1. 船舶和海上设施一般配备哪些导助航设施?
2. 船舶和海上设施一般配备哪些地面通信设施?它们的主要功能是什么?
3. 船舶和海上设施可能配备哪些卫星通信设施?它们的主要功能是什么?
4. 航海图书资料主要有哪些?
5. 船舶或海上设施在收到航海通告或无线电航行警告后,应当怎么做?

第二章 海上设施避碰与值班

第一节 海上避碰规则概述

一、海上避碰规则的历史沿革、内容结构及性质

（一）海上避碰规则的历史沿革

现行有效的《海上避碰规则》是1972年10月在伦敦召开的避碰规则修订大会制定的。《规则》自1977年7月15日生效以来，先后经过了1981年、1987年、1989年、1993年、2001年、2007年和2013年七次修订。

1980年1月7日，我国正式加入《1972年国际海上避碰规则公约》，接受《规则》。从该年开始，我国作为《1972年国际海上避碰规则公约》组织的缔约国，参加了1981年、1987年、1989年、1993年、2001年、2007年、2013年七次《规则》修订大会，并与其他公约成员同步实施《规则》的各项修正案。

（二）海上避碰规则的内容结构

《规则》分为六章（41条）和4个附录，其内容结构如下：

第一章　总则（共3条）
- 第一条　适用范围
- 第二条　责任
- 第三条　一般定义

- 第二章　驾驶和航行规则(共 16 条)
  - 第一节　船舶在任何能见度情况下的行动规则(共 7 条)
    - 第四条　适用范围
    - 第五条　瞭望
    - 第六条　安全航速
    - 第七条　碰撞危险
    - 第八条　避免碰撞的行动
    - 第九条　狭水道
    - 第十条　分道通航制
  - 第二节　船舶在互见中的行动规则(共 8 条)
    - 第十一条　适用范围
    - 第十二条　帆船
    - 第十三条　追越
    - 第十四条　对遇局面
    - 第十五条　交叉相遇局面
    - 第十六条　让路船的行动
    - 第十七条　直航船的行动
    - 第十八条　船舶之间的责任
  - 第三节　船舶在能见度不良时的行动规则
    - 第十九条　船舶在能见度不良时的行动规则
- 第三章　号灯和号型(共 12 条)
  - 第二十条　适用范围
  - 第二十一条　定义
  - 第二十二条　号灯的能见距离
  - 第二十三条　在航机动船
  - 第二十四条　拖带和顶推
  - 第二十五条　在航帆船和划桨船
  - 第二十六条　渔船
  - 第二十七条　失去控制或操纵能力受到限制的船舶
  - 第二十八条　限于吃水的船舶
  - 第二十九条　引航船舶
  - 第三十条　锚泊船舶和搁浅船舶
  - 第三十一条　水上飞机
- 第四章　声响和灯光信号(共 6 条)
  - 第三十二条　定义
  - 第三十三条　声号设备
  - 第三十四条　操纵和警告信号
  - 第三十五条　能见度不良时使用的声号
  - 第三十六条　招引注意的信号
  - 第三十七条　遇险信号
- 第五章　豁免
  - 第三十八条　豁免
- 第六章　对符合本公约规定的验证(共 3 条)
  - 第三十九条　定义
  - 第四十条　适用范围
  - 第四十一条　符合性验证

附录一　号灯和号型的位置和技术细节(共 14 节)
1. 定义
2. 号灯的垂向位置和间距
3. 号灯的水平位置和间距
4. 渔船、疏浚船及从事水下作业船舶的示向号灯的位置细节
5. 舷灯遮板
6. 号型
7. 号灯的颜色规格
8. 号灯的发光强度
9. 水平光弧
10. 垂向光弧
11. 非电气号灯的发光强度
12. 操纵号灯
13. 高速船
14. 认可

附录二　在相互邻近处捕鱼的渔船的额外信号(共 3 节)
1. 通则
2. 拖网渔船的信号
3. 围网渔船的信号

附录三　声号器具的技术细节(共 3 节)
1. 号笛
2. 号钟和号锣
3. 认可

附录四　遇险信号

(三)海上避碰规则的性质

有关《规则》的性质,国内航海界长久以来形成的普遍认识是:《规则》在碰撞发生前是避碰行动的指南,在碰撞发生后是判定碰撞责任的依据。由此可以认为,《规则》既具有技术规范性质,又具有法律规范性质。

正确认识《规则》的双重性质,对于全面理解和正确运用《规则》以指导海上船舶避碰十分重要。还需要指出的是,明确当事船舶的避碰责任是正确采取避碰行动的前提,而如何具体采取《规则》所要求或允许的避碰行动,又以定量与定性相结合的分析判断作为保证。

二、《规则》总则相关内容

《规则》第一章"总则",包含了第一条"适用范围"、第二条"责任"和第三条"一般定义"这三部分内容。

(一)《规则》的适用范围

第一条"适用范围"是有关《规则》适用的水域和船舶,特殊规则的适用,额外的队形灯、信号灯、号型或笛号的适用,分道通航制规定的适用,以及特殊构造或用途船舶的特殊规定的适用的规定。

1. 适用的水域和船舶

该条第 1 款规定:"本规则条款适用于在公海和连接公海可供海船航行的一切水域中的一切船舶。"由此可知,《规则》适用的水域包括"公海"以及"连接公海可供海船航行的一切水

域”两部分。《规则》适用于上述水域内的一切船舶，而不论这些船舶的大小、种类、用途和从事作业的性质。

应当特别注意的是，根据《规则》第三条中“船舶”的定义，“船舶”是“用作或者能够用作水上运输工具的各类水上船筏，包括非排水船筏、地效船和水上飞机”。因此，移动式平台虽然在《海洋石油安全管理细则》中可以归类为“海上石油作业设施”，但在《规则》中仍属于“船舶”的范畴，应当适用《规则》。

2. 特殊规则

该条第 2 款规定：“本规则条款不妨碍有关主管机关为连接公海而可供海船航行的任何港外锚地、港口、江河、湖泊或内陆水道所制定的特殊规定的实施。这种特殊规定，应尽可能符合本规则条款。”根据该款的规定，特殊规则和《规则》同时适用时，特殊规则应当优先适用；当特殊规则的规定与《规则》的规定不一致时，应执行特殊规则的规定；特殊规则没有规定的事项，仍然应当执行《规则》的规定。

3. 额外的队形灯、信号灯、号型或笛号

该条第 3 款规定：“本规则条款不妨碍各国政府为军舰及护航下的船舶所制定的关于额外的队形灯、信号灯、号型或笛号，或者为结队从事捕鱼的渔船所制定的关于额外的队形灯、信号灯或号型的任何特殊规定的实施。这些额外的队形灯、信号灯、号型或笛号，应尽可能不致被误认为本规则其他条文所规定的任何信号灯、号型或信号。”需要注意的是，上述额外的队形灯、信号灯、号型或笛号是额外的，即在船舶原有信号的基础上额外添加的信号，而不是用于替代《规则》所规定的号灯、号型或笛号。

4. 分道通航制规定的适用

该条第 4 款规定：“为实施本规则，本组织可以采纳分道通航制。”即《规则》第十条仅适用于被 IMO 采纳的分道通航制。

5. 特殊构造或用途船舶的特殊规定

该条第 5 款规定：“凡经有关政府确定，某种特殊构造或用途的船舶，如不能完全遵守本规则任何一条关于号灯或号型的数量、位置、能见距离或弧度以及声号设备的配置和特性的规定，则应遵守其政府在号灯或号型的数量、位置、能见距离或弧度以及声号设备的配置和特性方面为之另行确定的、尽可能符合本规则所要求的规定。”本款允许有关政府为这些特殊构造或特殊用途的船舶，如移动式平台等在号灯或号型数量、位置、能见距离或弧度以及声号设备的配置和特性方面制定特殊的规定。

（二）《规则》的责任条款

1. 责任条款的内容

《规则》第二条（责任）共两款。

本条 1 款规定：“本规则条款并不免除任何船舶或其所有人、船长或船员由于遵守本规则条款的任何疏忽，或者按海员通常做法或当时特殊情况所要求的任何戒备上的疏忽而产生的各种后果的责任。”本款通常称为疏忽条款，该条款的核心内容是指，《规则》不免除由于任何船舶、船舶所有人、船长或船员由于疏忽而产生的各种后果的责任。本款中所列的疏忽包括对遵守《规则》的疏忽和在保持戒备上的疏忽，而保持戒备上的疏忽可进一步分解为对海员通常做法所要求的任何戒备上的疏忽和对当时特殊情况所要求的任何戒备上的疏忽。本款所指的各种后果的责任不仅包括由于船舶碰撞造成的民事赔偿责任,也包括船长、船员或者船舶所有人因碰撞事故造成的行政责任甚至刑事责任。

本条2款规定:"在解释和遵守本规则条款时,应充分考虑一切航行和碰撞的危险以及包括当事船舶条件限制在内的任何特殊情况,这些危险和特殊情况可能需要背离本规则条款以避免紧迫危险。"本款通常称为背离条款。背离条款的核心内容是,在遵循《规则》时,应当充分考虑到在某些危险和特殊情况下需要背离《规则》条款采取行动,以避免紧迫危险。

2. 责任条款的作用

纵观《规则》第二章"驾驶和航行规则"的条文,其规定的内容包括了船舶应当保持的戒备和应当采取行动的准则。这些戒备条款包括瞭望、安全航速、碰撞危险等;而应当采取行动的准则包括了船舶航行的准则,如狭水道条款、分道通航制条款等,以及船舶采取避碰行动的准则,如避免碰撞的行动、让路船的行动等。然而,船舶在海上航行时所遇到的环境和情况是千变万化的,无论是从戒备的角度,还是从采取行动的角度,《规则》条款不可能将所有的要求详尽地列出,即使是能够详尽地列出,其列出的具体要求也可能不适合当时的环境和情况。故此,《规则》条款的规定只能是原则性的,船舶在任何时候均应当根据当时的环境和情况保持应有的戒备,并采取适合当时环境和情况的行动。因此,责任条款常常被称为"兜底条款"。一方面,《规则》要求船舶除严格遵守《规则》的明文规定外,还应当运用良好的船艺,保持对海员通常做法或者特殊情况可能所要求的戒备。另一方面,《规则》要求船舶在采取行动时,不能机械地理解《规则》条文的规定,而应当切实理解其内涵,并根据当时的具体环境和情况来采取航行或者避碰的行动。总之,责任条款是对《规则》其他条款的有力补充和解释,其目的同样是防止海上事故的发生,保证船舶的航行安全。

(三)《规则》的一般定义

《规则》第三条在"除条文另有解释外"的前提下,对《规则》中的13个名词术语(Term)下了定义。《规则》第三条给出的定义为"一般定义",适用于整个《规则》。"除条文另有解释外"是指在《规则》其他条文中引用相关的术语时,不能仅仅根据第三条的定义确定其具体含义,而必须考虑《规则》上下文(the context)是否另有规定。"上下文另有规定"可能存在于某一具体条款本身;也可能存在于《规则》条文之间,即在其他条文另有规定的情况。

1. 船舶

"'船舶'一词,指用作或者能够用作水上运输工具的各类水上船筏,包括非排水船筏、地效船和水上飞机。"从该定义可以看出,"船舶"的定义强调的是"用作或者能够用作水上运输工具"的各类水上船筏,包括非排水船筏、地效船和水上飞机,也包括移动式平台。

2. 机动船

"'机动船'一词,指用机器推进的任何船舶。"

3. 帆船

"'帆船'一词,指任何驶帆的船舶,包括装有推进器但不在使用。"

4. 从事捕鱼的船舶

"'从事捕鱼的船舶'一词,指使用网具、绳钓、拖网或其他使其操纵性能受到限制的渔具捕鱼的任何船舶,但不包括使用曳绳钓或其他并不使其操纵性能受到限制的渔具捕鱼的船舶。”判断船舶是否构成“从事捕鱼的船舶”应当考虑两个条件:(1)其正在从事捕鱼作业;(2)所使用的渔具使其操纵性能受到限制。

5. 水上飞机

“‘水上飞机’一词,包括为能在水面操纵而设计的任何航空器。”

6. 失去控制的船舶

“‘失去控制的船舶’一词,指由于某种异常的情况,不能按本规则条款的要求进行操纵,因而不能给他船让路的船舶。”“异常的情况”,是指船舶本身或航行环境发生的一切非正常情况或意料之外的突发变故。构成“失去控制的船舶”,应当立即显示相应的失控信号。

7. 操纵能力受到限制的船舶

“‘操纵能力受到限制的船舶’一词,指由于工作性质,使其按本规则条款要求进行操纵的能力受到限制,因而不能给他船让路的船舶。‘操纵能力受到限制的船舶’一词应包括,但不限于下列船舶:

(1)从事敷设、维修或起捞助航标志、海底电缆或管道的船舶;

(2)从事疏浚、测量或水下作业的船舶;

(3)在航中从事补给或转运人员、食品或货物的船舶;

(4)从事发射或回收航空器的船舶;

(5)从事清除水雷作业的船舶;

(6)从事拖带作业的船舶,而该项拖带作业使该拖船及其拖带物驶离其航向的能力严重受到限制者。”

8. 限于吃水的船舶

“‘限于吃水的船舶’一词,指由于吃水与可航水域的可用水深和宽度的关系,致使其驶离航向的能力严重地受到限制的机动船。”

9. 在航

“‘在航’一词,指船舶不在锚泊、系岸或搁浅。”从上述定义可以看出,《规则》把船舶的运动状态分为在航、锚泊、系岸和搁浅四种状态。

10. 船舶的长度和宽度

“船舶的‘长度’和‘宽度’是指其总长度和最大宽度。”

11. 互见

“只有当两船中的一船能自他船以视觉看到时,才应认为两船是在互见中。”“互见”的含义并不是互相看见(in Sight of Each Other)。虽然《规则》强调的是“能看见”,但“能看见”通常必须以“看见”的事实来确定(除非能够确定当事船舶疏忽瞭望),“不能看见”却不能以“未看见”的事实来认定。从实际情况来看,两船相互用视觉看见一定构成“互见”,但处于互见的两船并不一定已经相互看见。

12. 能见度不良

“‘能见度不良’一词,指任何由于雾、霾、下雪、暴风雨、沙暴或任何其他类似原因而使能见度受到限制的情况。”对于能见距离受限到何种程度时构成能见度不良,《规则》未做定量的规定。在船舶避碰上,一般认为,能见距离小于 5 n mile 属能见度不良。由于雾号的可听距离约为 2 n mile,船舶通常在能见度下降到 2~3 n mile 以下时才鸣放雾号。

13. 地效船

“‘地效船’一词,系指多式船艇,其主要操作方式是利用表面效应贴近水面飞行。”

三、驾驶和航行规则

《规则》第二章“驾驶和航行规则”是《规则》核心内容,规定了船舶在各种情况下的行动准则,共分 3 节:第一节是“船舶在任何能见度情况下的行动规则”;第二节是“船舶在互见中的行动规则”;第三节是“船舶在能见度不良时的行动规则”。

(一)船舶在任何能见度情况下的行动规则

“船舶在任何能见度情况下的行动规则”包括:有关船舶为避免碰撞应保持各种戒备的规定,如第五条“瞭望”、第六条“安全航速”、第七条“碰撞危险”;有关船舶采取避碰行动的一般原则的规定,如第八条“避免碰撞的行动”;有关船舶在特殊水域航行规则的规定,如第九条“狭水道”和第十条“分道通航制”。

任何能见度情况包括能见度良好和能见度不良两种情况。因此,总体而言,“船舶在任何能见度情况下的行动规则”既适用于能见度良好的情况,也适用于能见度不良的情况,而不论船舶是否处于互见中。

鉴于有关“瞭望”“碰撞危险”“避免碰撞的行动”的内容将在后面进行详细阐述,现将第六条“安全航速”、第九条“狭水道”和第十条“分道通航制”等条款的内容扼要介绍如下。

1.“安全航速”及其含义(第六条)

《规则》第六条“安全航速”规定:“每一船舶在任何时候都应以安全航速行驶,以便能采取适当而有效的避碰行动,并能在适合当时环境和情况的距离以内把船停住。”

《规则》并没有直接给“安全航速”下定义。但是,根据《规则》第六条的规定,可以认为,安全航速是指能采取适当而有效的避碰行动,并能在适合当时环境和情况的距离以内把船停住的速度。

所谓适当而有效的避碰行动,是指所采取的避碰行动(改向、变速或者改向和变速结合)适合当时的环境和情况,并且这种避碰行动必然产生其应有的效果。要求船舶以安全航速行驶以便能采取适当而有效的避碰行动,实际上是为了在时间上为采取避碰行动留有足够的余地,并保证所采取的避碰行动有效,使会遇两船在安全距离上驶过。在确定安全航速时,除要考虑能采取适当而有效的避碰行动外,还要满足所确定的航速能使船舶在适合当时环境和情况的距离以内把船停住这一条件。

《规则》第六条尽管没有给出“安全航速”的定量解释,但为了能够给予海员具体的指导,列出了船舶在决定安全航速时应考虑的各种因素。

对所有船舶,应考虑:(1)能见度情况;(2)交通密度,包括渔船或者任何其他船舶的密集程度;(3)船舶的操纵性能,特别是在当时情况下的冲程和旋回性能;(4)夜间出现的背景亮光,诸如来自岸上的灯光或本船灯光的反向散射;(5)风、浪和流的状况以及靠近航海危险物的情况;(6)吃水与可用水深的关系。

对备有可使用的雷达的船舶,还应考虑:(1)雷达设备的特性、效率和局限性;(2)所选用的雷达距离标尺带来的任何限制;(3)海况、天气和其他干扰源对雷达探测的影响;(4)在适当距离内,雷达对小船、浮冰和其他漂浮物有探测不到的可能性;(5)雷达探测到的船舶数目、位置和动态;(6)当用雷达测定附近船舶或其他物体的距离时,可能对能见度做出更确切的估计。

2. 狭水道航行规则(第九条)

《规则》第九条是有关船舶在狭水道或航道中航行的规定,适用于任何能见度情况,适用于任何船舶,但条文中另有规定的除外。此外,在狭水道或者航道内,往往制定有特殊规则,而且该处有可能属于分道通航制水域。船舶在狭水道或者航道航行时,不但应当遵守本条的规定,还应当遵守特殊规则的规定。当该狭水道或者航道中设置有分道通航制时,分道通航制的规定应当首先适用。在狭水道或航道内,其主要航行规则包括:

(1)"沿狭水道或航道行驶的船舶,只要安全可行,应尽量靠近其右舷的该水道或航道的外缘行驶。"即无论是机动船,还是帆船、从事捕鱼的船舶以及操纵能力受到限制的船舶,当其沿狭水道或航道行驶时,只要安全可行,均应当切实可行地尽量靠近本船右舷的该狭水道或航道的外缘行驶。

(2)"帆船或长度小于 20 m 的船舶,不应妨碍只能在狭水道或航道以内安全航行的船舶的通行。"

(3)"从事捕鱼的船舶,不应妨碍任何其他在狭水道或航道以内航行的船舶通行。"

(4)"船舶不应穿越狭水道或航道,如果这种穿越会妨碍只能在这种水道或航道以内安全航行的船舶通行。后者若对穿越船的意图有怀疑,可以使用第三十四条 4 款规定的声号。"应当注意的是,尽管《规则》规定,如果穿越会妨碍只能在狭水道或者航道以内安全航行的船舶的通行,则船舶不应当穿越狭水道或者航道,但是,当穿越船与只能在狭水道或者航道以内安全航行的船舶致有构成碰撞危险时,仍然应当根据《规则》其他条款的规定确定双方的避碰责任和义务。

(5)"(1)在狭水道或航道内,如只有在被追越船必须采取行动以允许安全通过才能追越时,则企图追越的船,应鸣放第三十四条 3 款(1)项所规定的相应声号,以表示其意图。被追越船如果同意,应鸣放第三十四条 3 款(2)项所规定的相应声号,并采取使之能安全通过的措施。如有怀疑,则可以鸣放第三十四条 4 款所规定的声号。(2)本条并不解除追越船根据第十三条所负的义务。"根据该规定,在狭水道或航道中需要被追越船采取行动才能安全追越时,企图追越的船舶应当鸣放以下声号:企图从他船左舷追越,鸣放"— — • •"的声号;企图从他船右舷追越,鸣放"— — •"的声号。被追越船,如果同意追越,应当鸣放"— • — •"的声号,并采取让出航道、降低船速等措施,以利于追越船安全追越通过。如果被追越船对是否能够安全追越有怀疑,则其可鸣放至少五短声的警告声号。

(6)"船舶在驶近可能有其他船舶被居间障碍物遮蔽的狭水道或航道的弯头或地段时,应特别机警和谨慎地驾驶,并鸣放第三十四条 5 款规定的相应声号。"根据该规定,船舶在驶近可能有其他船舶被居间障碍物遮蔽的狭水道或航道的弯头或地段时,应鸣放一长声弯头声号;当听到他船一长声弯头声号时,也应当回答一长声。

(7)"任何船舶,如当时环境许可,都应避免在狭水道内锚泊。"

3. 分道通航制(第十条)

《规则》第十条“分道通航制”规定了船舶在被 IMO 采纳的分道通航制航行的航行规则,主要包括:

(1)第十条 2 款规定:“使用分道通航制的船舶应:(1)在相应的通航分道内顺着该分道的交通总流向行驶;(2)尽可能让开通航分隔线或分隔带;(3)通常在通航分道的端部驶进或驶出,但从分道的任何一侧驶进或驶出时,应与分道的交通总流向形成尽可能小的角度。”

(2)第十条 3 款规定:“船舶应尽可能避免穿越通航分道,但如不得不穿越时,应尽可能以与分道的交通总流向成直角的船首向穿越。”

(3)第十条 4 款规定:“(1)当船舶可安全使用邻近分道通航制区域中相应通航分道时,不应使用沿岸通航带。但长度小于 20 m 的船舶、帆船和从事捕鱼的船舶可使用沿岸通航带。(2)尽管有本条 4(1)规定,当船舶抵离位于沿岸通航带中的港口、近岸设施或建筑物、引航站或任何其他地方或为避免紧迫危险时,可使用沿岸通航带。”

(4)第十条 5 款规定:“除穿越船或者驶进或驶出通航分道的船舶外,船舶通常不应进入分隔带或穿越分隔线,除非:(1)在紧急情况下避免紧迫危险;(2)在分隔带内从事捕鱼。”

(5)第十条 6 款规定:“船舶在分道通航制端部附近区域行驶时,应特别谨慎。”

(6)第十条 7 款规定:“船舶应尽可能避免在分道通航制内或其端部附近区域锚泊。”

(7)第十条 8 款规定:“不使用分道通航制的船舶,应尽可能远离该区域。”

(8)第十条 9 款规定:“从事捕鱼的船舶,不应妨碍按通航分道行驶的任何船舶的通行。”

(9)第十条 10 款规定:“帆船和长度小于 20 m 的船舶,不应妨碍按通航分道行驶的机动船的安全通行。”

(10)第十条 11 款规定:“操纵能力受到限制的船舶,当在分道通航制区域内从事维护航行安全的作业时,在执行该作业所必需的限度内,可免受本条规定的约束。”

(11)第十条 12 款规定:“操纵能力受到限制的船舶,当在分道通航制区域内从事敷设、维修或起捞海底电缆时,在执行该作业所必需的限度内,免受本条规定的约束。”

(二)船舶在互见中的行动规则

《规则》第十二条至十八条仅适用于互见中的船舶,包括能见度良好时的互见和能见度不良时的互见两种情况。

1. 帆船条款

《规则》第十二条是有关两艘帆船相遇时的避让规则。海上设施本身不涉及帆船,因此,本书不予介绍该条款的规定。

2. 追越条款

《规则》第十三条是有关追越的规定。根据该条的规定,所谓“追越”,是指一船正从他船正横后大于 22.5°的某一方向赶上他船时,即该船对其所追越的船所处的位置,在夜间只能看见被追越船的尾灯而不能看见它的任一舷灯时,应认为是在追越中,其相对位置关系如图 2-1-1 所示。并且,当一船对其是否在追越他船有任何怀疑时,该船应假定是在追越,并应采取相应行动。

同时,根据该条的规定,一旦构成追越,追越条款将优先于不应妨碍条款、狭水道条款、分

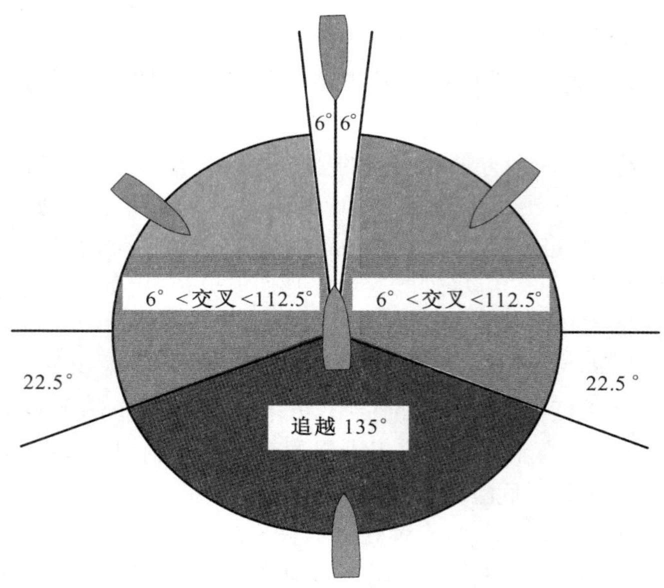

图 2-1-1　三种会遇局面的方位关系

道通航制条款、帆船条款和船舶之间的责任条款。也就是说,不论是什么船,只要是在追越他船,就应当给被追越船让路,且“一旦追越,永远追越”,直到最后驶过让清为止。

3. 对遇局面条款

《规则》第十四条“对遇局面”1 款规定:“当两艘机动船在相反的或接近相反的航向上相遇致有构成碰撞危险时,各应向右转向,从而各从他船的左舷驶过。”构成对遇局面的两船的方位关系如图 2-1-1 所示。

有关对遇局面的判断,《规则》第十四条 2 款规定:“当一船看见他船在正前方或接近正前方,在夜间能看见他船的前后桅灯成一直线或接近一直线和(或)两盏舷灯;在白天能看到他船的上述相应形态时,则应认为存在这样的局面。”3 款规定:“当一船对是否存在这样的局面有任何怀疑时,该船应假定确实存在这种局面,并应采取相应的行动。”

4. 交叉相遇局面条款

《规则》第十五条“交叉相遇局面”规定:“当两艘机动船交叉相遇致有构成碰撞危险时,有他船在本船右舷的船舶应给他船让路,如当时环境许可,还应避免横越他船的前方。”构成交叉相遇局面的两船方位关系如图 2-1-1 所示。

在交叉相遇局面中,当有他船位于本船右舷时,本船应给他船让路,本船是让路船,他船是直航船;当有他船位于本船左舷时,本船是直航船,他船应给本船让路。在夜间,当两船交叉相遇时,让路船只能看到直航船的红色舷灯,看不到其绿色舷灯;直航船只能看到让路船的绿色舷灯,看不到其红色舷灯。因此,海员通常称其为“让红不让绿”,即看到他船红舷灯的船为让路船;看到他船绿舷灯的船为直航船。

交叉相遇局面中的让路船在给他船让路时,除应当遵守《规则》第八条、第十六条的规定外,《规则》第十五条还对其避让行动做出了特殊的规定,即在采取让路行动时,应当避免横越他船的前方。根据该项要求,让路船只要在采取避让行动时做到不横越他船的前方,其可以向右转向,或者向左转向,或者采取减速措施等。

5. 让路船的行动

《规则》第十六条规定:“须给他船让路的船舶,应尽可能及早地采取大幅度的行动,宽裕地让清他船。”其对让路船的行动要求可归纳为“早、大、宽、清”四个字。“早”是对采取避让行动的时机提出的要求;“大”是对采取避让行动的幅度提出的要求;“宽”是对采取避让行动所应达到的安全距离提出的要求;“清”是对最后避让结果提出的要求。

6. 直航船的行动

根据《规则》第十七条的规定,直航船在两船会遇过程中的不同阶段,负有不同的责任和义务,即保持航向和航速、独自采取操纵行动和采取最有助于避碰的行动。

(1)保持航向和航速。《规则》第十七条1款(1)项规定:“两船中的一船应给另一船让路时,另一船应保持航向和航速。”保持航向和航速是《规则》对直航船提出的一项基本要求。

(2)直航船可以独自采取操纵行动。《规则》第十七条1款(2)项规定:“当保持航向和航速的船一经发觉规定的让路船显然没有遵照本规则条款采取适当行动时,该船即可独自采取操纵行动,以避免碰撞。”

(3)采取最有助于避碰的行动。《规则》第十七条2款规定:“当规定保持航向和航速的船,发觉本船不论由于何种原因逼近到单凭让路船的行动不能避免碰撞时,也应采取最有助于避碰的行动。”

7. 船舶之间的责任条款

《规则》第十八条“船舶之间的责任”条款基本是根据等级制原则确定船舶的避让责任的,要求避让操纵能力相对较好的船舶应当尽可能给避让操纵能力相对较差的船舶让路。该条规定:“除第九、十和十三条另有规定外:

“1. 机动船在航时应给下述船舶让路:

(1)失去控制的船舶;

(2)操纵能力受到限制的船舶;

(3)从事捕鱼的船舶;

(4)帆船。

“2. 帆船在航时应给下述船舶让路:

(1)失去控制的船舶;

(2)操纵能力受到限制的船舶;

(3)从事捕鱼的船舶。

“3. 从事捕鱼的船舶在航时,应尽可能给下述船舶让路:

(1)失去控制的船舶;

(2)操纵能力受到限制的船舶。

“4. (1)除失去控制的船舶或操纵能力受到限制的船舶外,任何船舶,如当时环境许可,应避免妨碍显示第二十八条信号的限于吃水的船舶的安全通行。

(2)限于吃水的船舶应充分注意到其特殊条件,特别谨慎地驾驶。

“5. 在水面的水上飞机,通常应宽裕地让清所有船舶并避免妨碍其航行。然而在有碰撞危险的情况下,则应遵守本章条款的规定。

“6. (1)地效船在起飞、降落和贴近水面飞行时应宽裕地让清所有其他船舶并避免妨碍它们的航行；

（2）在水面上操作的地效船应作为机动船遵守本章条款的规定。”

（三）船舶在能见度不良时的行动规则

《规则》第十九条对船舶在能见度不良时的行动规则做出了专门的规定，该条所规定的行动规则大致可分两个方面：

（1）该条第 2 款和第 3 款规定了船舶保持戒备行动的原则，该两款适用于能见度不良的任何情况，而并不以两船不在互见中为条件。

（2）该条第 4 款和第 5 款则规定了避碰（行动）的原则，该两款原则上适用于能见度不良时不在互见中的情况。在能见度不良的水域，当两船接近到互见时，原则上应当适用船舶在互见中的行动规则；但是，若两船在接近到互见以前，船舶在能见度不良时的行动规则（第十九条第 4 款和第 5 款）已经适用，即两船中的一船已经按照能见度不良时的行动规则（第十九条第 4 款和第 5 款）采取相应行动，则不能片面强调适用船舶在互见中的行动规则。

1. 能见度不良情况下的戒备

《规则》第十九条 3 款规定：“在遵守本章第一节各条时，每一船应充分考虑到当时能见度不良的环境和情况。”因此，船舶在能见度不良水域或其附近航行时，应当在保持正规瞭望、以安全航速行驶、正确判断碰撞危险、采取避免碰撞的行动等方面较能见度良好时保持更高的戒备。

《规则》第十九条 2 款规定：“每一船应以适合当时能见度不良的环境和情况的安全航速行驶，机动船应将机器做好随时操纵的准备。”该款强调，在能见度不良的情况下，船舶不仅要以适合当时能见度不良的环境和情况的安全航速行驶，而且机动船应当备车，将机器做好随时操纵的准备。

2. 能见度不良情况下的避碰行动

（1）能见度不良时船舶的避碰责任

当一船航行在能见度不良的水域中或其附近与不在互见中的来船构成碰撞可能性时，由于瞭望获得的信息有限，无法根据操纵能力和相对几何位置确定船舶的避碰责任，因而两船负有同等的避碰责任和义务，均应果断地采取避碰措施，而不存在让路船和直航船之分。

（2）仅凭雷达测到他船时的避碰行动

《规则》第十九条 4 款规定：“一船仅凭雷达测到他船时，应判定是否正在形成紧迫局面和（或）存在着碰撞危险。若是如此，应及早地采取避让行动，如果这种行动包括转向，则应尽可能避免如下几点：（1）除对被追越船外，对正横前的船舶采取向左转向；（2）对正横或正横后的船舶采取朝着它转向。”简言之，在能见度不良的情况下，在船舶仅仅凭雷达测到他船，并存在碰撞危险或正在形成紧迫局面的情况下，如果采取转向行动，对正横以前的来船一般应采取向右转向，而对正横或正横后的来船，一般应采取背着来船转向。

（3）听到他船的雾号显似在本船正横以前，或与正横以前的来船不能避免紧迫局面时的行动

《规则》第十九条 5 款规定：“除已断定不存在碰撞危险外，每一船当听到他船的雾号显似在本船正横以前，或者与正横以前的他船不能避免紧迫局面时，应将航速减到能维持其航向的最小速度。必要时，应把船完全停住，而且，无论如何，应极其谨慎地驾驶，直到碰撞危险过去

为止。"

四、船舶信号

（一）号灯、号型

号灯与号型是用来表示船舶的存在，并在一定程度上反映船舶种类、尺度、动态或作业方式等信息的灯光与型体。《规则》第二十一至三十一条规定了各种船舶应当显示的号灯、号型。《规则》附录一是有关号灯、号型的位置和技术细节的规定，《规则》附录二是在相互邻近处捕鱼的渔船的额外信号。

（二）声响和灯光信号

声响和灯光信号与船舶号灯和号型作用相似，可表明船舶的存在，并在一定程度上反映船舶的种类、大小与动态。在互见中，声响和灯光信号还用来表明船舶正在或企图采取的行动，或对他船的行动表示提醒、怀疑或警告。在能见度不良的水域中，声响信号可用来表明船舶的种类、动态，以及为未装设雷达或雷达设备发生故障的船舶提供某些有用的避碰信息。《规则》第三十二至三十七条规定了声响和灯光信号的定义以及各类声响和灯光信号的含义和使用条件。《规则》附录三规定了声号器具的技术细节。

五、豁免

《规则》第三十八条规定了对相关船舶的豁免。但事实上，最长的豁免期早已到期，不再具有实际意义。

六、对符合本公约规定的验证

《规则》第六章"对符合本公约规定的验证"，即《规则》第三十九至四十一条的规定，是IMO对成员履约情况的审核强制化，简言之，就是要求各成员按照《国际海事组织文书实施规则》（简称《文书实施规则》）的要求定期对《1972年国际海上避碰规则公约》的履约情况进行审核。

思考题

1. 试述《规则》的结构内容。
2. 试述《规则》的适用范围。
3. 《规则》"驾驶和航行规则"由哪几部分组成？它们各自的适用条件是什么？
4. 《规则》"船舶在任何能见度情况下的行动规则"包含了哪些条文？
5. 《规则》"船舶在互见中的行动规则"包含了哪些条文？在互见中，船舶之间的避碰责任如何划分？
6. 《规则》"船舶在能见度不良时的行动规则"可以分为哪两部分？各自的适用条件是什么？

第二节 避碰与助航信号

一、海上设施的助航信号要求

（一）海上设施助航信号的相关规范

海上设施更加强调其海上浮动建筑、装置和平台通过底部支撑结构或者非刚性系泊缆索等固定在海上某一作业水域的特性，故在海上避碰行动中，其往往处于被动状态，海上设施只有通过设置助航信号，并加强海上设施值班人员的助航协调才能有助于海上设施与船舶的避碰。鉴于我国不同类别的海上设施的检验规则不尽相同，不同类别海上设施应配备的助航信号的规范也不尽相同。

(1)海洋石油设施：主要依据中国船级社下发的《海上生产设施救生设备、无线电通信设备、航行信号设备法定检验指南(2014)》；

(2)非海洋石油设施：主要依据中国海事局即将颁布的《海上浮动设施技术规则》和《海上固定设施技术规则》的相关章节。

（二）海洋石油设施的助航信号

根据《海洋石油安全管理细则》，海洋石油设施可分为海洋石油作业设施和海洋石油生产设施。海洋石油作业设施是指用于海洋石油作业的海上移动式钻井船(平台)、物探船、铺管船、起重船、固井船、酸化压裂船等设施，根据《中华人民共和国船舶与海上设施检验条例》(2019 年修订)，海洋石油作业设施属于船舶类，故其号灯、号型及声号设备的配备及显示或鸣放应根据《规则》的相关要求进行。而海洋石油生产设施是指以开发海上石油天然气为目的的海上固定平台、单点系泊系统、海底管线、浮式生产储卸油装置(FPSO)、海上输油(气)码头和人工岛等海上结构物。根据 2014 年中国船级社发布的《海上生产设施救生设备、无线电通信设备、航行信号设备法定检验指南》，海上固定平台、浮式生产储卸油装置(FPSO)等海上生产设施的救生设备、无线电通信设备、航行信号设备的配备、显示和使用应遵循该指南的相关要求。需要特别注意的是，由于针对“单点系泊装置”的入级规范于 2021 年 9 月 1 日生效，故“单点系泊装置”的号灯、号型需要进一步单独列明。

1. 海上石油固定平台的航行信号设备的配备

(1)助航标识灯：平台上应安装一盏或多盏在夜间显白色的助航标识灯(同步发光)。助航标识灯的主要技术要求如下：

- 助航标识灯应安装在平台的四周，灯的结构和安装位置应保证从任何方向驶近平台的船舶至少看见一盏灯光；
- 助航标识灯的设置高度应在平均大潮高潮面以上，不低于 6 m，不高于 30 m；
- 控制系统应实现闪光灯泡的自动更换及故障报警；
- 助航标识灯的最小视光强度为 1 400 cd，射出光束的垂直分布应保证自平台近旁至灯光的最大射程都能看见；

- 助航标识灯的闪光特性为莫尔斯信号“U”（• •—），最大周期 15 s。

（2）障碍灯：平台水平和垂直的端点应装设红色障碍灯，障碍灯的结构应采用防水型灯具，其灯头应具有防止灯泡自行松脱的结构。

（3）雾笛：海上固定平台应配备主雾笛和备用雾笛。

2. FPSO（浮式生产储卸油装置）的航行信号设备的配备

（1）助航标识灯：平台上应安装一盏或多盏在夜间显白色的助航标识灯（同步发光）；

（2）障碍灯：平台水平和垂直的端点应装设红色障碍灯；

（3）左红右绿 2 盏舷灯、尾灯、失控灯（垂直 2 盏红色环照灯）；

（4）FPSO 应配备主雾笛和备用雾笛。

自航的 FPSO 除满足上述要求外，还应满足 SOLAS 公约第Ⅴ章和《规则》的要求。

3. 单点系泊装置的航行信号设备配备

为满足我国海上交通安全的有关规定以及《规则》的相关要求，单点系泊装置应配备以下航行信号设备：

（1）在装置前部，一盏环照白灯或一个球体。

（2）在装置尾部或接近尾部并低于本款（1）项规定的号灯处，一盏环照白灯。长度小于 50 m 的单点系泊装置，可以在最易见处显示一盏环照白灯，以取代本款上述规定的号灯。

（3）单点系泊装置还可以使用现有的工作灯或同等的灯照明甲板。

（4）可能对飞行物造成危险的固定障碍和永久性设备，应在白天从空中容易看到；如有必要，配色涂刷以在白天更容易识别，建议涂刷宽度不小于 0.5 m 但不超过 6 m 的黑白、黑黄或红白相间的彩条。

（5）应在适当的位置安装光强至少为 10 cd 的全向红色灯，就可能对飞行物造成危险的障碍，为直升机驾驶员提供视觉信息。

（6）应在单点系泊装置的最高点，装设一个光强为 25～200 cd 的全向红色灯。如在最高点不可行，该灯应尽可能接近端点。

4. 配有直升机甲板设施的视觉辅助信号

（1）风向指示器：平台上应设置一个尽可能指示降落和起飞区上方的风向情况，且不受附近物体或机翼产生的下降气流所引起的气流颠簸的影响，风向指示器应可从在直升机甲板上方飞行或悬停的直升机上看见。

（2）直升机场识别标志：应设置一个直升机场识别标志，由高 4 m、宽 3 m 的白色“H”构成，字母宽度为 0.75 m。

（3）周界灯：应采用可从降落区域或其上方的所有方向看见的绿色灯勾划出降落和起飞区的周界。

（4）直升机甲板强光照明灯：直升机甲板强光照明灯的位置应能避免使驾驶员眩目，并应采取措施定期检查强光照明灯的排列。

（5）障碍标志和照明：可能对直升机造成危险的固定障碍和永久性设备，诸如起重机吊杆或自升式平台的桩腿，应以黑白、黑黄或红白相间的彩条涂刷，以便在白天从空中容易看到，夜间则应在适当的位置安装全向红色灯。

(6)应在平台的最高点,比如平台的桩腿、井架等位置装设一个全向红色灯。

(7)状态灯是一盏(或几盏)闪烁的红色灯,用以对平台上存在可能危及直升机或其乘员的情况发出警告,其含义为“不要降落,机场不能降落”。

(三)非海洋石油设施的助航信号

如前所述,非海洋石油设施按照其主要特征和特性可细分为浮动设施和固定设施,根据《海上浮动设施技术规则》和《海上固定设施技术规则》,对相关助航信号的配备要求如下。

1. 海上浮动设施(非石油类设施)

根据《海上浮动设施技术规则》对各类海上浮动渔业养殖设施、海上浮动发电设施、海上浮动电力升压站设施、海上浮动观测通信设施、海上浮动旅游休闲设施、海上浮动停车场设施和海上浮动补给保障设施的信号要求主要涉及助航灯,其技术要求规格如下:

(1)助航灯:应为夜间显白色的同步发光灯。灯的结构和安装位置应保证从任何方向驶近平台的船舶至少看见一个灯光。灯应设置在设计高潮位以上6~30 m,灯光的闪光特征为莫尔斯信号“U”,最大周期为15 s,其发光强度为1 400 cd,并同步工作。助航灯射出光束的垂直分布应保证自平台近旁至灯光最大射程都能看到。

(2)声响信号的参数要求

①声响信号的结构和所在位置应使任何方向驶近的船舶都可以听到。

②声响信号应安装在设计高潮位以上6~30 m,听程至少2 n mile,声响节奏特征为莫尔斯信号“U”,周期30 s。短声最短持续时间应为0. 75 s。

③当能见度小于或等于2 n mile时,应开启声响信号,其中无人驻守平台的声响信号应能自动开启。

④应配备手动声响信号和其他发声器,以便在声响信号出现故障时使用。

(3)设有直升机甲板的海上浮动设施应符合《海上移动平台法定检验技术规则(2016)》第14章的有关规定,主要涉及信号的相关要求可参考前文“配有直升机甲板设施的视觉辅助信号”的相关内容。

2. 海上固定设施(非石油类设施)

根据《海上固定设施技术规则》对各类海上固定电力升压站设施、海上固定风力发电设施、海上固定渔业养殖设施、海上固定旅游休闲设施和海底管道系统的信号要求也主要涉及助航灯和障碍灯,其技术要求规格如下:

(1)助航灯:应安装一盏或多盏在夜间显白色的同步发光的助航标识灯。灯的数量和安装位置应保证从任何方向驶近该设施的船舶至少看见一个灯光。助航标识灯的闪光特性为莫尔斯信号“U”(• •—),最大周期15 s。

(2)障碍灯:海上固定设施垂直的端点应装设红色障碍灯,其设置应符合航空条件的要求。

(3)声响信号

①声响信号的结构和所在位置应使任何方向驶近的船舶都可以听到。

②声响信号应安装在设计高潮位以上6~30 m范围内,听程至少2 n mile,声响节奏特征为莫尔斯信号“U”,周期30 s。短声最短持续时间应为0. 75 s。

③当能见度小于或等于2 n mile时,应开启声响信号,其中无人驻守平台的声响信号应能

自动开启。

④应配备手动声响信号和其他发声器，以便在声响信号出现故障时使用。

(4)对于设有直升机甲板设施的海上固定设施应符合《海上移动平台法定检验技术规则(2016)》第14章的有关规定，主要涉及信号的相关要求可参考前文“配有直升机甲板设施的视觉辅助信号”的相关内容。

海上设施均应按照上述要求显示或鸣放前述的助航信号。应当特别注意的是，海洋石油作业设施属于船舶类，故其号灯、号型及声号设备的配备及显示或鸣放应按照《规则》的相关要求进行。

二、船舶号灯和号型的识别

（一）船舶号灯和号型的定义

1. 船舶号灯的定义

“1.‘桅灯’是指安置在船的首尾中心线上方的白灯，在225度的水平弧内显示不间断的灯光，其安装要使灯光从船的正前方到每一舷正横后22.5度内显示。

“2.‘舷灯’是指右舷的绿灯和左舷的红灯，各在112.5度的水平弧内显示不间断的灯光，其装置要使灯光从船的正前方到各自一舷的正横后22.5度内分别显示。长度小于20米的船舶，其舷灯可以合并成一盏，装设于船的首尾中心线上。

“3.‘尾灯’是指安置在尽可能接近船尾的白灯，在135度的水平弧内显示不间断的灯光，其装置要使灯光从船的正后方到每一舷67.5度内显示。

“4.‘拖带灯’是指具有与本条3款所述‘尾灯’相同特性的黄灯。

“5.‘环照灯’是指在360度的水平弧内显示不间断灯光的号灯。

“6.‘闪光灯’是指每隔一定时间以频率每分钟闪120次或120次以上的号灯。”

根据《规则》第二十一条的号灯的定义，以长度大于等于50 m的机动船为例，其桅灯、舷灯和尾灯的水平照射弧度如图2-2-1所示。

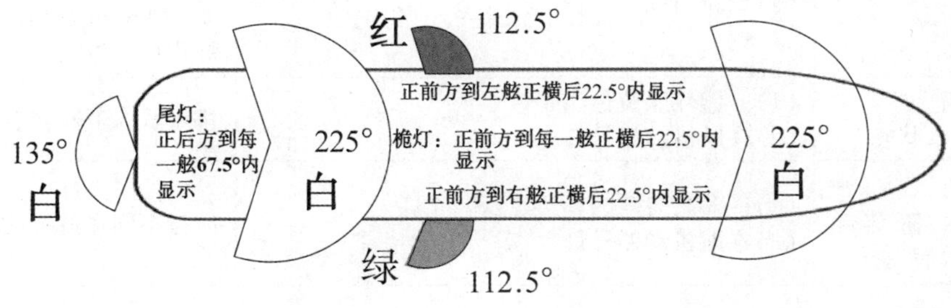

图2-2-1 桅灯、舷灯和尾灯的水平照射弧度示意图

2. 船舶号型的定义

船舶的号型主要包括黑色的球体、圆锥体、菱形体、圆柱体和鼓形体。其底部直径应不小于0.6 m，圆柱体的高度应等于其直径的2倍，菱形体应由2个圆锥体底部相合而成，号型之间的垂直距离应至少为1.5 m，如图2-2-2所示。

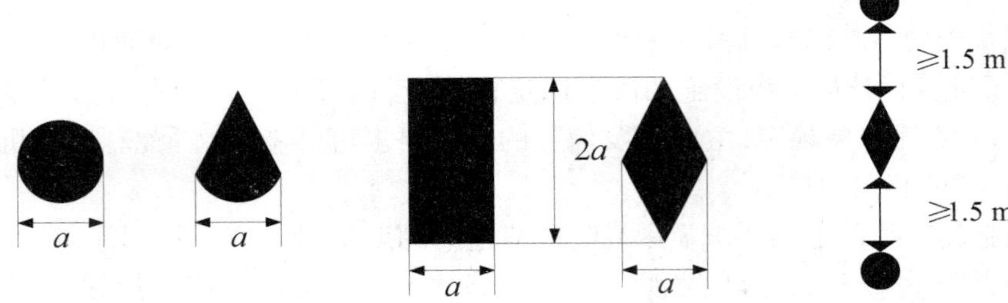

图 2-2-2　号型的规格和设置

（二）各类船舶在不同状态下显示的号灯和号型

号灯和号型除表明船舶的存在外，还能传递以下几个方面的信息：

(1)表明船舶的动态，如舷灯和尾灯表示在航；

(2)表明船舶的种类，如垂直红白红三盏环照灯和球体、菱形体、球体号型表示操纵能力受到限制；

(3)表明船舶的工作性质，如拖带灯表示船舶正在从事拖带；

(4)表明船舶的大小，如仅显示一盏桅灯的机动船表示其长度小于 50 m。

海上设施的工作人员应当能够正确识别各类船舶的号灯、号型。根据《规则》第二十三至三十一条的规定，各类船舶在不同状态下应显示的号灯和号型的要求如表 2-2-1、表 2-2-2 所示。各类船舶号灯与号型的彩色示意图参见附录Ⅰ。

表 2-2-1　各类船舶在不同状态下应显示的号灯

船舶		号灯	说明
在航机动船	在航机动船、顶推船组合体	(1)前部一盏桅灯 (2)第二盏桅灯，后于并高于前桅灯 (3)两盏舷灯 (4)一盏尾灯	(1)长度<50 m，可以不显示第二盏桅灯 (2)长度<12 m，可以用一盏环照白灯和两盏舷灯代替 (3)长度<7 m，最高速度<7 kn，可以用一盏环照白灯代替
	气垫船 (非排水状态)	(1)一盏环照黄色闪光灯 (2)在航机动船号灯	排水状态下同在航机动船
	地效船 (起飞、降落和贴近水面飞行)	(1)一盏高亮度的环照红色闪光灯 (2)在航机动船号灯	航行中同在航机动船

续表

船舶		号灯	说明
拖带和顶推	机动船拖带	(1)垂直两盏桅灯代替在航机动船的前部一盏桅灯或第二盏桅灯,或垂直三盏桅灯代替在航机动船的前部一盏桅灯或第二盏桅灯 (2)两盏舷灯 (3)一盏尾灯 (4)一盏拖带灯,位于尾灯垂直上方	(1)长度<50 m,可以不显示第二盏桅灯 (2)长度>200 m,垂直三盏桅灯
	机动船顶推或傍拖(除组合体外)	(1)垂直两盏桅灯代替在航机动船的前部一盏桅灯或第二盏桅灯 (2)两盏舷灯 (3)一盏尾灯	长度<50 m,可以不显示第二盏桅灯
	被拖船	(1)两盏舷灯 (2)一盏尾灯	
	被傍拖船	(1)两盏舷灯 (2)一盏尾灯	
	被顶推船	两盏舷灯	
	不易觉察的、部分淹没的被拖船或者物体	前、后各一盏环照白灯(除弹性拖曳体不需要在前端显示灯光外)	(1)宽度≥25 m,两侧另加两盏环照白灯 (2)长度>100 m,前、后两侧另加若干环照白灯,使得灯之间的距离≤100 m
在航帆船和划桨船		(1)两盏舷灯 (2)一盏尾灯 (3)可以在桅顶垂直显示两盏环照灯,上红下绿	(1)长度<20 m,可以用装在桅顶的三色合色灯代替两盏舷灯和一盏尾灯 (2)上红下绿灯不和三色合色灯同时显示 (3)长度<7 m 的帆船或划桨船,可以用一个白光的电筒或一盏点着的白灯代替

续表

船舶		号灯	说明
渔船	从事拖网作业的渔船	(1)垂直两盏环照灯,上绿下白 (2)一盏桅灯,后于并高于环照绿灯 (3)对水移动时,还应显示两盏舷灯和一盏尾灯	(1)在航或锚泊时显示 (2)长度<50 m,可以不显示桅灯
	从事拖网作业的渔船(相互邻近处捕鱼)	(1)长度≥20 m: ①放网时,垂直两盏白灯 ②起网时,垂直两盏灯,上白下红 ③网挂住障碍物时,垂直两盏红灯 (2)长度≥20 m,对拖作业: ①放网时,垂直两盏白灯 ②起网时,垂直两盏灯,上白下红 ③网挂住障碍物时,垂直两盏红灯 ④朝着前方并向本对拖网中另一船方向照射探照灯	(1)这些灯是额外信号 (2)在航或锚泊时显示 (3)长度<20 m,可视情况显示
	从事非拖网作业的渔船	(1)垂直两盏环照灯,上红下白 (2)对水移动时,还应显示两盏舷灯和一盏尾灯	(1)在航或锚泊时显示 (2)外伸渔具水平距离>150 m,朝着渔具方向还应显示一盏环照白灯
	从事围网捕鱼的船舶(相互邻近处捕鱼)	垂直两盏黄色交替闪光灯(每秒钟交替闪光一次,明暗历时相等)	(1)这些灯是额外信号 (2)在航或锚泊时显示 (3)仅在船舶行动受渔具妨碍时显示
失去控制的船舶		(1)垂直两盏环照红灯 (2)对水移动时,还应显示两盏舷灯和一盏尾灯	

续表

船舶		号灯	说明
操纵能力受到限制船舶	操纵能力受到限制的船舶(从事拖带、清除水雷、疏浚或水下作业船除外)	(1)在航时: ①垂直三盏环照灯,红色、白色、红色 ②对水移动时,还应显示桅灯、舷灯和尾灯 (2)锚泊时: ①垂直三盏环照灯,红色、白色、红色 ②还应显示锚泊船规定的号灯	长度<12 m可以不显示
	从事拖带的操纵能力受到限制的船舶	(1)在航时: ①垂直三盏环照灯,红色、白色、红色 ②还应显示机动船拖带规定的号灯 (2)锚泊时,仅显示锚泊船规定的号灯	长度<12 m可以不显示
	从事疏浚或水下作业的操纵能力受到限制的船舶	(1)在航时: ①垂直三盏环照灯,红色、白色、红色 ②对水移动时,还应显示桅灯、舷灯和尾灯 ③存在障碍物时,还应在有障碍物的一舷,显示垂直两盏环照红灯;在他船可以通过的一舷,显示垂直两盏环照绿灯 (2)锚泊时,仅显示在航不对水移动时的号灯	长度<12 m可以不显示(除从事潜水作业船外)
	从事潜水作业的小船	垂直三盏环照灯,红色、白色、红色	在不能显示从事疏浚或水下作业的操纵能力受到限制船的号灯时显示
	从事清除水雷作业的船舶	(1)在航时: ①品形三盏环照绿灯 ②还应显示在航机动船规定的号灯 (2)锚泊时: ①品形三盏环照绿灯 ②还应显示锚泊船规定的号灯	长度<12 m可以不显示
限于吃水的船舶		(1)在航机动船规定的号灯 (2)还可以显示垂直三盏环照红灯	
引航船舶		(1)在航时: ①垂直两盏环照灯,上白下红 ②舷灯和尾灯 (2)锚泊时: ①垂直两盏环照灯,上白下红 ②还应显示锚泊船规定的号灯	不执行引航任务时仅显示同样长度的同类船舶号灯
锚泊船舶		(1)前部,一盏环照白灯 (2)一盏环照白灯,船尾或接近船尾并低于前锚灯 (3)甲板照明灯	(1)长度<100 m,可以不显示甲板照明灯 (2)长度<50 m,可以显示一盏锚灯 (3)长度<7 m,可以不显示

续表

船舶	号灯	说明
搁浅船舶	(1)前部,一盏环照白灯 (2)一盏环照白灯,船尾或接近船尾并低于前锚灯 (3)垂直两盏环照红灯	(1)长度<50 m,可以显示一盏锚灯 (2)长度<12 m,仅显示锚灯

表 2-2-2　各类船舶在不同状态下应显示的号型

船舶		号型	说明
拖带	机动船拖带	一个菱形体	拖带长度>200 m 时显示
拖带	被拖船	一个菱形体	拖带长度>200 m 时显示
拖带	不易觉察的、部分淹没的被拖船或物体	一个菱形体	最后一艘末端或接近末端显示
拖带	不易觉察的、部分淹没的被拖船或物体	一个菱形体	拖带长度>200 m 时在前部显示
机帆并用船		一个尖端向下的圆锥体	在航时显示
渔船		尖端对接的两个圆锥体	(1)在航或锚泊时显示 (2)从事非拖网作业渔船,外伸渔具水平距离>150 m 时,还应显示一个尖端向上的圆锥体
失去控制的船舶		垂直两个球体	长度<12 m 可以不显示
操纵能力受到限制的船舶	操纵能力受到限制的船舶(从事拖带、清除水雷、疏浚或水下作业船除外)	垂直一个球体、一个菱形体、一个球体	(1)锚泊时,还应显示一个球体 (2)长度<12 m 可以不显示
操纵能力受到限制的船舶	从事拖带的操纵能力受到限制的船舶	垂直一个球体、一个菱形体、一个球体	(1)拖带长度超过 200 m 时还应显示一个菱形体 (2)长度<12 m 可以不显示
操纵能力受到限制的船舶	从事疏浚或水下作业的操纵能力受到限制的船舶	(1)垂直一个球体、一个菱形体、一个球体 (2)障碍物一舷,两个球体 (3)可通过一舷,两个菱形体	(1)在航或锚泊时显示 (2)长度<12 m 可以不显示(除从事潜水作业船外)
操纵能力受到限制的船舶	从事潜水作业的小船	国际信号 A 旗的硬质复制品	(1)在不能显示从事疏浚或水下作业的操纵能力受到限制的船的号型时显示 (2)在航或锚泊时显示
操纵能力受到限制的船舶	从事清除水雷作业的船舶	品形三个球体	(1)锚泊时,还应显示一个球体 (2)长度<12 m 可以不显示
限于吃水的船舶		一个圆柱体	可以不显示
引航船舶		一个球体	锚泊时显示
锚泊船舶		一个球体	长度<7 m 可以不显示
搁浅船舶		垂直三个球体	长度<12 m 可以不显示

有关船舶各类号灯、号型的立体化内容:

［2-1 第二十三条 在航机动船］

［2-2 第二十四条 拖带和顶推］

［2-3 第二十五条 在航帆船和划桨船］

［2-4 第二十六条 渔船］

［2-5 第二十七条 失去控制的船舶］

［2-6 第二十七条 操纵能力受到限制的船舶（除从事清除水雷作业、拖带作业以及疏浚或水下作业外）］

［2-7 第二十七条 操纵能力受到限制的船舶——从事拖带作业］

［2-8 第二十七条 操纵能力受到限制的船舶——从事疏浚或水下作业］

［2-9 第二十七条 操纵能力受到限制的船舶——从事潜水作业小船］

［2-10 第二十七条 操纵能力受到限制的船舶——从事清除水雷作业］

[2-11 第二十八条 限于吃水的船舶]

[2-12 第二十九条 引航船舶]

[2-13 第三十条 锚泊船舶]

[2-14 第三十条 搁浅船舶]

三、船舶声响和灯光信号的识别

船舶声响和灯光信号与号灯和号型的作用相似，可表明船舶的存在，并在一定程度上反映船舶的种类、大小与动态。在互见中，声响和灯光信号还用来表明船舶正在或企图采取的行动，或对他船的行动表示提醒、怀疑或警告。在能见度不良的水域中，声响信号可用来表明船舶的种类、动态，以及为未装设雷达或雷达设备发生故障的船舶提供某些有用的避碰信息。

（一）船舶声响和灯光信号的定义

1. 船舶声响的定义

"1. '号笛'一词，指能够发出规定笛声并符合本规则附录三所载规格的任何声响信号器具。

"2. '短声'一词，指历时约 1 s 的笛声。

"3. '长声'一词，指历时 4~6 s 的笛声。"

在一组操纵与警告声响信号中，短声与短声之间的间隔约为 1 s，长声与长声之间的间隔以及长声与短声之间的间隔约为 2 s，信号组与信号组之间间隔不少于 10 s。

在一组能见度不良时的声响信号中，每二长声的间隔以及长、短声的间隔应约为 2 s，每一组的信号间隔应不超过 2 min，但在必要时，也可将每组的信号间隔调整为 1 min。

2. 船舶灯光信号定义和显示要求

（1）显示操纵行动灯光信号时，每闪历时应约 1 s，各闪间隔应约 1 s，前后信号的间隔应不少于 10 s。

（2）作显示操纵灯光信号的号灯，应是一盏环照白灯，其能见距离至少为 5 n mile。

值得注意的是，互见中的在航机动船鸣放相应的操纵行动声响声号，是强制性的，而操纵行动灯光信号是在避让操纵过程中对操纵行动声响声号的一种补充，是非强制性的，但其能够有效弥补声号的不足，便于引起他船的注意，应当积极予以使用。

（二）船舶操纵与警告信号

《规则》第三十四条对各种操纵和警告信号做出了详细的规定，具体可以分为操纵行动信号、追越声号、怀疑或警告信号、弯头声号。其信号的含义、鸣放或显示的条件见表 2-2-3。

表 2-2-3　操纵和警告信号

信号类别	适用船舶	信号	信号含义	适用条件
操纵声号	在航机动船	●（Λ） ● ●（ΛΛ） ● ● ●（ΛΛΛ）	我船正在向右转向 我船正在向左转向 我船正在向后推进	互见中； 在航机动船； 按照本规则准许或要求进行操纵时
操纵灯光信号	任何在航船舶	Λ ΛΛ ΛΛΛ	我船正在向右转向 我船正在向左转向 我船正在向后推进	互见中； 任何在航船舶； 按照本规则准许或要求进行操纵时
追越声号	狭水道或航道内的任何在航船舶	— — ● — — ● ● — ● — ●	我船企图从你船右舷追越 我船企图从你船左舷追越 同意追越	互见中； 在狭水道或航道内追越； 只有在被追越船必须采取行动以允许安全通过时
警告信号	任何船舶	至少五短声 （ΛΛΛΛΛ）	正在互相驶近，一船无法了解他船的意图或行动，或者怀疑他船是否正在采取足够的行动以避免碰撞时	互见中； 任何船舶； 一船无法了解他船的意图、行动或者怀疑他船是否正在采取足够的行动以避免碰撞时
弯头声号	任何在航船舶	—	在驶近可能被居间障碍物遮蔽他船的水道或航道的弯头或地段时	能见度良好； 任何在航船舶在驶近可能被居间障碍物遮蔽他船的水道或航道的弯头或地段时，或者弯头另一面或居间障碍物后的来船听到声号时
		—	弯头另一面或居间障碍物后的来船听到声号时	

注：● 表示一短声；— 表示一长声；Λ 表示一短闪。

（三）能见度不良时的声号

能见度不良时使用的声号（实践中常简称“雾号”）适用于在能见度不良的水域中或其附近航行、锚泊、搁浅的任何船舶。为便于记忆，现将《规则》第三十五条规定的不同种类船舶能见度不良时使用的声号列于表 2-2-4。

有关声响和灯光信号的立体化材料：

［2-15 第三十二条 短声、长声］

［2-16 第三十四条 操纵和警告信号］

[2-17 第三十五条 能见度不良时使用的声号]

表 2-2-4　能见度不良时使用的声号

<table>
<tr><th colspan="3">船舶类别和动态</th><th>声号形式</th><th>备注</th></tr>
<tr><td rowspan="4">在航船舶</td><td rowspan="2">机动船
(包括牢固组合体)</td><td>对水移动</td><td>—</td><td>不同信号组之间的时间间隔 2 min</td></tr>
<tr><td>已停车且不对水移动</td><td>— —</td><td>不同信号组之间的时间间隔 2 min</td></tr>
<tr><td colspan="2">失去控制的船舶
操纵能力受到限制的船舶
限于吃水船
帆船
从事捕鱼的船舶
从事拖带或顶推他船的船舶</td><td>— • •</td><td>不同信号组之间的时间间隔 2 min</td></tr>
<tr><td colspan="2">被拖船或多艘被拖船的最后一艘</td><td>— • • •</td><td>如可行,应在拖船鸣放后立即鸣放</td></tr>
<tr><td rowspan="4">锚泊船舶</td><td colspan="2">从事捕鱼的船舶在锚泊中作业
操限船在锚泊中执行任务时</td><td>— • •</td><td>不同信号组之间的时间间隔 2 min</td></tr>
<tr><td colspan="2">$L<100$ m 的锚泊船</td><td>急敲号钟 5 s</td><td>不同信号组之间的时间间隔 1 min;12 m≤$L<20$ m 的船舶如不鸣放该信号,应当以不超过 2 min 的间隔鸣放其他有效声号</td></tr>
<tr><td colspan="2">$L\geq100$ m 的锚泊船</td><td>急敲号钟(前)、锣(后)各 5 s</td><td>不同信号组之间的时间间隔 1 min</td></tr>
<tr><td colspan="2">锚泊中发现他船驶近时</td><td>•—•</td><td>连续鸣放</td></tr>
<tr><td colspan="3">搁浅船舶</td><td colspan="2">除按同等长度的锚泊船鸣放声号外,还应在紧接急敲号钟之前和之后,各分隔而清楚地敲打号钟 3 下,搁浅的船舶还可以鸣放合适的笛号(如单字母信号码语 U • •—)。12 m≤$L<20$ m 的船舶如不鸣放上述信号,应当以不超过 2 min 的间隔鸣放其他有效声号</td></tr>
<tr><td colspan="3">$L<12$ m 的船舶</td><td>如不鸣放上述有关的声号,应发出其他有效的声号</td><td>2 min</td></tr>
<tr><td colspan="2">在航或锚泊</td><td>引航船执行引航任务时</td><td>除鸣放机动船在航或锚泊的声号外,还可鸣放 • • • • 的识别声号</td><td>适时鸣放</td></tr>
</table>

四、招引注意的信号

《规则》第三十六条规定:“如需招引他船注意,任何船舶可以发出灯光或声响信号,但这种信号应不致被误认为本规则其他条款所准许的任何信号,或者可用不致妨碍任何船舶的方式把探照灯的光束朝着危险的方向。任何招引他船注意的灯光,应不致被误认为是任何助航标志的灯光。为此目的,应避免使用诸如频闪灯这样高亮度的间歇灯或旋转灯。”

使用招引注意信号，旨在弥补《规则》其他各条规定可能无法覆盖的各种特殊情况。任何船舶，当认为有必要招引他船注意之时，均可以使用招引注意的信号。同样，海上设施为了招引邻近船舶的注意，也可以使用招引信号。例如，当海上设施发现一船正在驶向危险水域或正在接近平台而致有碰撞危险时，可采用不致妨碍该船的方式，先用灯光信号或声响信号发出单字母信号码语“U”，再把探照灯的光束指向该船的前方或朝着危险的方向。

五、遇险信号

《规则》第三十七条规定：“船舶遇险并需要救助时，应使用或显示本规则附录四所述的信号。”附录四中所述的遇险信号可以单独使用或显示，也可以几个信号同时使用或显示。附录四规定的遇险信号如下：

“1. 下列信号，不论是一起或分别使用或显示，均表示遇险需要救助：

“(1)每隔约 1 min 鸣枪或燃放其他爆炸信号一次。

“(2)以任何雾号器具连续发声。

“(3)以短的间隔，每次放一个抛射红星的火箭或信号弹。

“(4)任何通信方法发出莫尔斯码组 • • • — — — • • •(SOS)的信号。

“(5)无线电话发出“梅代”(Mayday)语音信号。

“(6)《国际信号规则》中表示遇险的信号 N. C. 。

“(7)由一个球体或任何类似球体的物体及在其上方或下方的一面方旗所组成的信号。

“(8)船上的火焰(如从燃着的柏油桶、油桶等发出的火焰)。

“(9)火箭降落伞式或手持式的红色突耀火光。

“(10)发出橙色烟雾的烟雾信号。

“(11)两臂侧伸，缓慢而重复地上下摆动。

“(12)通过在下列频道或频率上发出的数字选择性呼叫(DSC)遇险报警：

①甚高频第 70 信道；或

②2 187. 5 kHz、8 414. 5 kHz、4 207. 5 kHz、6 312 kHz、12 577 kHz 或 16 804. 5 kHz 频率上的中频/高频。

“(13)船舶的 Inmarsat 或其他移动卫星业务提供商的船舶地球站发出的船到岸遇险报警。

“(14)紧急无线电示位标发出的信号。

“(15)包括救生筏雷达应答器在内的无线电通信系统发出的经核准的信号。

“2. 除为表示遇险需要救助外，禁止使用或显示上述任何信号以及可能与上述任何信号相混淆的其他信号。

“3. 应注意《国际信号规则》、《国际航空和海上搜救手册》第Ⅲ卷的有关章节和下列信号：

“(1)带有一个黑色正方形和圆圈或其他适当符号的一块橙色帆布(供从空中识别)；

“(2)海水染色标志。”

六、常用的国际信号旗使用

船舶、设施与外界的通信方法包括视觉信号通信、声号信号通信和无线电通信。其中，视觉信号通信是在视距范围内的通信，包括旗语(旗号)通信、灯光通信、手旗或手臂通信等。

旗语通信是指在能见度良好的白天,在视觉范围内使用国际信号旗传递信息的通信方式。一套国际信号旗共 40 面,其中包括字母旗 A~Z 共 26 面,数字旗 0~9 共 10 面,代替旗代 1、代 2、代 3 共 3 面和回答旗 1 面,它们的形状和颜色参见本书附录Ⅱ。

单字母信号用于最紧急、最重要或最常用的场合;双字母信号用于通用场合;以“M”开始的三字母信号用于医疗方面。

海上设施工作人员应当熟练掌握以下信号的含义:

A 我下面有潜水员,请慢速远离我。

B 我正装卸或载运危险货物。

G 我需要引航员(在渔场附近,被正在作业的渔船使用时,它的意思是“我正在收网”)。

H 我船上有引航员。

N 不(否定或“前组信号的意义应理解为否定的”。这个信号仅可用视觉或用音响信号发出。在用话音或无线电发送这个信号时应该用“No”字)。

O 有人落水。

P 在港内:本船将要出海,所有人员应立即回船(在海上当由渔船使用时,意为“我的网缠在障碍物上”)。

Q 我船没有染疫,请发给进口检疫证。

U 你正临近危险中。

V 我需要援助。

RY 当经过我(或发出这信号的船)时,你应慢速行驶。

思考题

1. 试述有关海上石油设施的助航信号要求。
2. 试述有关非海上石油设施的助航信号要求。
3. 识别各种船舶的号灯和号型,并特别注意识别“失去控制的船舶”“操纵能力受到限制的船舶”的号灯、号型。
4. 船舶的操纵与警告信号有哪些? 其含义是什么?
5. 各类船舶在能见度不良时鸣放的声号是什么?
6. 如何使用招引注意的信号?
7. 哪些信号可以用来表示遇险需要救助?
8. 信号旗 A、B、G、H、N、O、P、Q、U、V、RY 所代表的含义是什么?

第三节 海上设施值班

海上设施值班包括海上安全生产方面的值班和海上交通安全方面的值班,本书中海上设施值班仅指海上设施海上交通安全方面的值班。

一、海上设施值班的作用和目的

无论是船舶，还是海上设施，避免碰撞或触碰事故的发生、防止海上交通危险和预防海洋污染事故的至关重要的因素是保持有效的安全值班。海上事故数据统计表明，在船舶和海上设施装备不断现代化的今天，海上交通事故频发主要是人为因素和人为过失造成的。因此，在提高值班人员技术水平的同时，提高值班人员的责任心和责任意识，严格按照相关的工作程序进行安全生产，使海上设施更加安全，海上人命、财产和海洋环境更有保障。

与海上船舶相比较，海上设施具有相对固定的属性，就海上交通安全方面的风险而言，海上设施不仅要面对航经海上设施作业区域船舶的碰撞危险，而且要面对更多来自为海上设施服务的作业船舶停靠的风险和其他海上作业风险。海上设施值班人员作为海上设施与外界沟通的关键窗口，应进一步提高海上设施值班人员的主观能动性，加强对海上设施周边过往船舶和服务船舶的瞭望，提升船舶靠泊海上设施的作业安全，及早发现海区污染物对海洋环境的污染。

海上设施保持值班和瞭望的主要目的是及时发现周边不明船舶、漂浮物、油污等异常状况，针对有碰撞或触碰危险的船舶，及时采取有效措施防范船舶碰撞或触碰海上设施及附属设施，合理处置不明漂浮物、油污等异常情况，确保海上交通安全。

二、海上设施值班的基本要求

海洋工程兴于海洋石油工程，而后逐渐向海上风电设施、海上渔业设施、海上旅游休闲设施发展。海上设施的海上交通安全，一方面来自航经海上设施区域的过往船舶带来的碰撞或触碰风险，另一方面则来自作业服务船舶和海上设施直升机起飞、降落带来的作业碰撞事故风险。海上设施值班人员应对其设施区域内服务船舶开展有效的作业组织实施和监控，提前告知作业船舶有关作业计划、要求、风险识别等相关要求，并为作业船舶提供如工程施工作业、油船外输作业、潜水作业、舷外作业等相关的完整信息。

对于海上设施值班的要求可主要参照海洋石油设施的相关规定，并结合其他海上设施的结构和作业特点做进一步的调整和完善。对海上设施值班人员的基本要求如下：

（一）保持正规瞭望，及时发现周边不明船舶、漂浮物、油污等异常状况并及时处置

(1)各海上设施应安排人员 24 h 全天候守听 VHF 16 频道，监听周边船舶动态，如有异常立即向海上设施总监报告。

(2)确保海上设施的各种助航信号正常显示或鸣放。

(3)利用各种瞭望手段及时发现周边不明船舶、漂浮物、油污等异常状况，针对有碰撞或触碰危险的船舶，及时采取有效措施防范船舶碰撞或触碰海上设施及附属设施，合理处置不明漂浮物、油污等异常情况。

（二）与海上过往船舶的避碰瞭望和沟通

在与海上过往船舶的避碰瞭望和沟通方面：

(1)了解海上设施结构特点、作业工况、操作限制等基本特征。

(2)熟悉海上设施操作手册中有关值班要求的规定。

(3)熟悉海上设施上船舶通信、导助航设备的使用。

(4)对航经海上设施附近作业区域的船舶加强瞭望和沟通,提醒过往船舶注意与海上设施及其附属设施的碰撞或触碰危险。

(5)对具有守护船舶的海上设施,应督促其协助海上设施加强值班瞭望,对违规进入海上作业区域的渔船、游船等船舶进行沟通、协调和劝离。

(三)与海上设施区域内(辅助)作业船舶的沟通和管理

在与海上设施区域内(辅助)作业船舶的沟通和管理方面:

1. 船舶进入海上设施安全范围前

(1)海上设施值班人员特别是作业区协调中心值班人员应了解作业船舶预计到达作业区 2 n mile 范围内的时间,并根据作业安排进行沟通交流,值班人员应记录相关信息,如类似的“船舶作业动态日志”。

(2)对首次为海上设施提供作业服务的船舶、重新迁移后的海上设施以及当船长认为需要时,海上设施管理人还应提供海上设施资料卡,海上设施作业频道,海区水上、水下碍航物等特殊规定等信息资料。

(3)海上设施在向船舶下达与靠泊作业相关的指令时,应向船长提供以下相关信息:

- 作业任务、靠泊位置、靠泊时间以及预计的作业持续时间;
- 货物装卸或海上设施拖航就位的作业计划;
- 附近其他海上设施或作业船舶的位置及动态情况,如工程施工作业、原油外输、潜水作业等;
- 其他任何特殊要求与注意事项。

(4)在作业船舶进入海上设施安全范围前,海上设施值班人员应根据当天如舷外、临边、潜水或其他受影响船舶作业情况,告知海上设施生产中船舶作业计划(守护船除外),及时暂停相关作业并告知现场守护人员组织撤离,避免产生交叉作业风险。

(5)未经海上设施管理人员或其授权的代表确认核准,值班人员应通知作业船舶远离海上设施安全区。

2. 船舶靠泊作业或守护时

(1)海上设施值班人员在作业船舶进入海上设施 500 m 范围前,应与其建立有效的通信联系,了解船舶作业前的各种操纵系统检查测试情况,并指定专人携带对讲机与船舶保持作业沟通和跟踪瞭望。

(2)海上设施值班人员在确认船舶已经完成 500 m 安全作业检查表后,才应允许船舶进入海上设施安全范围内;海上设施值班人员应确认船舶操纵靠泊作业由船长或者同等资质的操船人员完成;负责瞭望和沟通的海上设施值班人员须持续跟踪船舶动态,及时提醒船舶靠泊作业过程中的碰撞风险。

(3)对于具有动力定位系统(DP)的船舶,如其拟在靠泊海上设施时使用该功能,海上设施值班人员应在确认船舶已经完成 500 m 安全作业检查表后,要求船舶确认是否已经对船舶动力定位系统检查表中涉及主推进器、首尾侧推、发电机、电网分区情况、DP 网络连接情况以及差分全球定位系统(DGPS)差分信号进行核查和记录。

(4)船舶靠泊海上设施作业期间,应根据相关吊装作业安全程序开展各项作业风险评估,特别是天气恶劣、能见度不良、人员穿梭、重大件吊装等情况;作业前,海上设施值班人员应提请海上设施总监同意,并做好作业安全跟踪。

(5)鉴于直升机飞行及起降、放射源作业、舷外排气等可能会对船舶靠泊作业造成影响,尤其可能会对使用动力定位系统的船舶靠泊作业产生较大影响,在船舶靠泊海上设施期间,如海上设施上需要进行交叉作业,海上设施值班人员需提前和拟靠泊海上设施的船舶进行沟通,并落实后续作业方案。

(6)海上设施值班人员应根据作业特点,合理安排作业计划,提升船舶靠泊作业效率,避免在夜间视线不好的情况下靠泊作业,对于作业时间的预计延误应及时告知船长;操纵靠泊时间不宜超过 4 h,作业期间要尽量缩短等待时间。

(7)配有守护船的海上设施的值班人员应随时关注守护船的动态,提醒守护船安全锚泊或者系离浮筒。当遭遇台风或者大风等恶劣天气时,海上设施值班人员应提醒守护船注意巡航安全,适当增大与海上设施的安全距离。如有必要,经平台设施经理同意,协商守护船前往海上设施作业区外的安全水域避风,并保持通信畅通。

(8)海上设施在舷外作业期间,海上设施值班人员可根据作业需求要求守护船在设施 500 m 范围内待命,但应要求守护船保持船舶良好的操作性能,并与舷外作业现场保持通信畅通,严禁从事与守护无关的作业或活动。

(9)海上设施值班人员可以根据需要,要求守护船协助设施对作业区域内的水上无人设施、水面浮筒、系泊单点、海上漂浮物、水下井口和海底管线等设施开展安全巡视和检查,还可以要求守护船观察海洋石油设施的海底管线路径上是否有油花、疑似油带或气泡出现,并及时向海上设施值班人员报告。

3. 作业船舶离开海上设施及其作业区时

(1)作业船舶在靠泊或者近距离守护结束后,海上设施指定的船舶作业值班瞭望人员应确认作业船舶安全离开作业范围后才可结束瞭望,对作业船舶离泊动态有疑问时应及时与船舶沟通确认。

(2)海上设施在作业船舶离泊后仍服务在作业区内的,应对其后续作业安排给予确认,并根据相关要求记录船舶动态报告。

(3)对于船舶作业结束驶向其他海上设施时,海上设施值班人员应记录船舶离开时间,预计前往下一海上设施或目的港的时间等相关信息。

(四)海上设施应急反应的沟通与协调

海上设施值班人员在值班期间,一旦发现任何异常情况(如发现不明漂浮物、油污等)或任何紧急情况(如溢油、碰撞等),应立即向海上设施总监报告,并按照相应的应急预案或现场处置方案处理。

(1)如果海上设施内部发生应急情况,海上设施值班人员应立即通过有效渠道向海上设施作业区内的服务船舶做必要的信息通报,需要守护船舶或其他服务船舶提供应急救援帮助时,应结合设施安全操作手册的相关程序与船舶沟通,以便获得更有效的救援。应急情况处理完毕后,海上设施值班人员应及时向周围船舶通报。

(2)如果海上设施区域内的作业船舶发生应急情况,海上设施值班人员在获得相关船舶的汇报后，应及时向海上设施负责人报告，并与作业船舶保持联系，及时跟踪船舶应急情况的进展，按相关程序为船舶提供必要的支持。同时根据作业程序，向上级或者主管机关报告。

(3)如果海上设施周围其他船舶或者设施发生应急情况，海上设施值班人员在收到遇险警报信息或者来自设施服务船舶的报告时，应及时转发、转达相关遇险信息，并按照相关应急反应程序开展救援，并详细记录救援过程。

(4)海上设施应当服从海上搜救中心和现场指挥的指令，协助海上救助。海上设施值班人员应积极配合救助，并根据应急操作规章启动相应的应急救援程序。

（五）海上设施与直升机通信协调

对于具备海上直升机平台的海上设施，负有接机任务的海上设施值班人员还需负责直升机作业的通信，确认通信设备处于可用状态：

(1)根据飞行计划及时掌握直升机的飞行动态，并通报海上设施的其他负责接机的操作人员。

(2)根据机场或机组人员的要求及时发送相关“飞行气象报告”。

(3)直升机起飞后，值班人员需要及时跟踪直升机起飞后的动态。

(4)海上设施值班人员应与飞行员保持联系，并将直升机的作业情况记录在“电台日志”上。

三、瞭望的要求

对船舶而言，《规则》第五条“瞭望”规定：“每一船在任何时候都应用视觉、听觉以及适合当时环境和情况的一切可用手段保持正规的瞭望，以便对局面和碰撞危险做出充分的估计。”其中，“用视觉、听觉以及适合当时环境和情况的一切可用手段保持正规的瞭望”强调的是避碰信息的收集，而“对局面和碰撞危险做出充分的估计”强调的是对收集到的避碰信息进行的处理、鉴别。在瞭望的内容方面，瞭望不仅是对其周围的环境和情况，特别是对来往船舶及其动态以及海域的通航条件、水文气象条件等情况进行观察、了解和判断，还包括对本船状态、特性和条件限制等情况的了解、掌握和运用。

（一）瞭望的适用性

《规则》瞭望条款适用于所有船舶。不论船舶的用途、种类、大小和所处的状态，只要符合《规则》有关船舶的定义，就有责任和义务遵守瞭望的规定。因此，不论是机动船还是非机动船，大船还是小船，处于正常状态下的船舶还是“失去控制的船舶”或“操纵能力受到限制的船舶”，在航船舶还是锚泊船舶或搁浅船舶，普通的商船还是执行政府公务或军事任务的船舶，普通的船舶还是工程作业船或者尚未就位的钻井平台，都应当保持正规瞭望。针对系岸的船舶，虽然不要求其像在航船舶或锚泊船舶那样保持正规的瞭望，但仍要求其保持相应的值班制度，随时观察船舶本身和船舶周围的环境和情况，这种值班制度也属于广义的“瞭望”的范畴。

“海上设施”不同于“船舶”，由于海上设施相对固定的属性，其在海上避碰中常常处于被动状态，但其仍然可参照“船舶”定义中的锚泊船舶、搁浅船舶或者系岸船舶的要求，保持相应的值班制度和瞭望制度，随时观察海上设施本身（包括其应显示或鸣放的各种号灯、号型和信号）和海上设施作业区域内的附属设施、通航环境、附近往来船舶，并判断附近的船舶与设施是否存在碰撞的危险。对于配有守护船舶的海上设施，还可借助守护船舶的瞭望手段协助海上设施瞭望。

（二）瞭望的目的

根据《规则》第五条及STCW公约的相关规定，每一船舶应始终保持正规的瞭望，并应达到下列目的：(1)针对操作环境中发生的任何重大变化，利用视觉和听觉以及所有其他可用的手段保持连续戒备状态；(2)全面评估碰撞、搁浅和其他航行危险的局面和风险；(3)探明遇险的船舶或飞机、遇难船舶人员、沉船、残骸和其他航行危险物。由此可见，对于船舶而言，保持正规瞭望是通过对局面和碰撞危险做出充分的估计，避免发生船舶碰撞、搁浅、触礁等海上事故，并及时救助遇险船舶、飞机、人员，以达到保证海上安全的最终目的。

海上设施也应当保持正规的瞭望，并达到以下目的：

(1)对海上设施和设施周围的环境和情况进行观察与评估。保持24 h全天候VHF 16频道的守听，监听周边船舶动态；利用各种瞭望手段，及时发现周边不明船舶、漂浮物、油污等异常状况，如有异常，立即向海上设施总监报告；确保海上设施的各种助航信号正常显示或鸣放。

(2)针对接近海上设施的非(辅助)作业船舶，及时判断是否存在碰撞或触碰危险，并及时采取有效措施防范船舶碰撞或触碰海上设施及附属设施或对生产作业产生影响。

(3)实施对海上设施区域内靠泊船、守护船等(辅助)作业船舶的有效监管和通信联络。

(4)实施对海上设施上起飞、停靠和降落的直升机的有效监管和通信联络。

(5)实施对海上设施作业区域内水下井口、无人平台、系泊浮筒、系泊单点等附属设施的有效监管。

(6)及时发现海上设施区域内的异常情况和紧急情况，并及时报告海上设施总监和相关部门。

（三）瞭望的手段

1. 视觉瞭望

视觉瞭望是保持正规瞭望最基本和最主要的手段，视觉瞭望包括使用望远镜。视觉瞭望的优点是简易、方便、直观，并能迅速地获得准确的信息。

2. 听觉瞭望

听觉是能见度不良时保持正规瞭望的基本手段之一。听觉虽然较视觉所及的范围要小，但在能见度不良的情况下，尤其是在浓雾中视觉无法察觉的情况下，可通过听觉获得他船鸣放的雾号，从而判断他船的大概方位、动态和种类。

3. 雷达瞭望

雷达瞭望是在能见度不良水域的重要瞭望手段，也是能见度良好时的重要的辅助瞭望手段。雷达瞭望的内容主要包括：

(1)通过观测雷达回波，及早发现附近的来船和物标。

(2)对探测到的物标进行雷达标绘，获取来船的航速、航向、最近会遇距离(DCPA)、到达最近会遇点的时间(TCPA)等信息。即对探测到的雷达回波进行全面、连续的雷达观测，并记录观测时间、来船方位和距离等数据，在雷达运动图上或雷达标绘器上进行作图，求取来船的航速、航向、DCPA和TCPA等运动要素，并据此判断是否存在碰撞危险。

(3)利用ARPA获取来船的航速、航向、DCPA和TCPA等运动要素，并据此判断是否存在碰撞危险。ARPA 是自动雷达标绘仪(Automatic Radar Plotting Aids)的简称,它通过自动录取或手动录取的方式,对探测到的雷达回波进行跟踪,自动搜集、分析和显示目标的有关数据,完成传统由人工作图完成的雷达标绘工作,并显示来船的航速、航向、DCPA、TCPA 等运动要素和可能碰撞点(Point of Possible Collision,PPC)、预测危险区(Predicted Area of Danger,PAD)等信息,并可进行避碰行动的试操船。

4. 利用 AIS 协助瞭望

船舶自动识别系统(Automatic Identification System,AIS)是一个广播式的应答器系统,能够自动在 VHF 波段向有相应装置的岸上管理部门,其他船舶和航空器提供包括船名、位置、航向、航速、航行状态等相关安全信息,同时 AIS 可获得本船周围 20 n mile 内目标船的上述信息,且不受气象和海况的干扰。AIS 对目标船位置的显示和动态跟踪,弥补了雷达盲区和海浪干扰的缺陷。因此,AIS 的配备,为船舶航行安全及航行管理提供了新的有效手段,在瞭望中应当充分加以运用。AIS 系统在避碰中的应用主要包括:(1)利用 AIS 协助判断碰撞危险和会遇态势。(2)利用 AIS 系统协调船舶间的避碰行动。装有 AIS 系统的船舶间能够利用全球唯一的海上移动业务识别码(MMSI)、他船的船名及呼号准确呼叫对方船舶。一旦初步判明船舶间存在潜在的碰撞危险,装有 AIS 系统的船舶间可以通过 VHF 沟通等方式协调两船间的避碰行动,避免两船因避碰行动的不协调而发生碰撞。

但是,AIS 系统也存在很大的局限性,最主要的问题是 AIS 的动态信息并非实时的动态信息,不同级别的 AIS 系统可能存在 2 s 到 3 min 的动态信息更新的延时。因此其只能用于协助瞭望和协助判断碰撞危险,而绝不能代替视觉瞭望或雷达瞭望,更不能将 AIS 信息作为避碰决策。

5. 基于 ECDIS 协助避碰

ECDIS 是电子海图显示与信息系统(Electronic Chart Display & Information System)的英文首字母简写。ECDIS 通过连接其他航海设备(如 GPS、AIS、雷达/ARPA、罗经、计程仪、VDR 等)获取航行信息并与之进行数据与信息交流,能够多样化显示海图。ECDIS 将雷达/ARPA 捕获到的目标以及通过 AIS 接收到的目标动态信息(物标的航速、航向、方位、距离、DCPA 和 TCPA)叠加显示在海图上等。因此,ECDIS 可以运用于协助瞭望和避碰中。

同样,值得特别注意的是,ECDIS 显示的关于他船的动态信息是基于 AIS 获取的他船 AIS 播发的动态信息,与前述 AIS 系统一样,存在很大的局限性。因此,也同样不能将 ECDIS 信息作为避碰决策。

(四)正规瞭望

《规则》和 STCW 公约都没有对“正规瞭望”做出定义,通常认为,保持正规瞭望,应当至少做到以下各点:

(1)应根据环境和情况配备足够、称职的瞭望人员。

(2)瞭望人员的位置应保证能获得最佳的瞭望效果。

(3)瞭望时使用适合当时环境和情况下的一切可以使用的手段,包括视觉、听觉、雷达瞭望、AIS 瞭望和 VHF 通信等。

(4)瞭望是连续的、不间断的。

(5)瞭望人员应做到恪尽职守,认真、谨慎。

(6)瞭望的方法应是正确的,并且是全方位的。瞭望时,应当按照先近后远、由右到左、由前到后的周而复始的瞭望方法,务必做到全方位的观察;瞭望人员应当来回走动,以消除因视线被大桅、通风筒、将军柱等遮蔽所造成的盲区的影响。

(7)正确处理好瞭望与其他各项工作的关系。在各项工作中,瞭望和避让应当是首要的工作,切不可因为定位、转向、海图作业等工作影响瞭望。

四、能见度不良时的戒备

《规则》第十九条3款规定:“在遵守本章第一节各条时,每一船应充分考虑当时能见度不良的环境和情况。”因此,船舶在能见度不良水域或其附近航行时,应当在保持正规瞭望、以安全航速行驶、正确判断碰撞危险、采取避免碰撞的行动等方面较能见度良好时保持更高的戒备。STCW公约马尼拉修正案第A-Ⅷ/2节4-1部分(航行值班中应遵循的原则)第45、80段对能见度不良时的值班做出了特别的规定。第45段规定:“遇到或预料到能见度不良时,负责航行值班的高级船员的首要职责是遵守经修订的《1972年国际海上避碰规则》的相应条款,特别是有关鸣放雾号、以安全航速航行并使主机处于立即可操作的准备状态的条款。”

1. 对船舶的要求

根据STCW公约马尼拉修正案和《海船船员值班规则》的有关规定,当遇到或预料到能见度不良时,应当做好以下准备工作:

(1)通知船长;

(2)布置瞭望人员,舵工改用手动操舵;

(3)显示航行灯;

(4)及时通知机舱使机器做好随时操纵的准备;

(5)开启雷达使之处于正常工作状态,并注意观测和标绘;

(6)如可能,在能见度变差前测定船位;

(7)按照《规则》的规定鸣放雾号,并打开驾驶台门窗,守听雾号;

(8)检查VHF、AIS等助航设备确认其正常可用,并注意守听和观测等;

(9)谨慎驾驶;

(10)将安全措施载入航海日志。

2. 对海上设施的有关要求

当能见度不良时,海上设施值班人员则需要结合海上设施自身的作业和结构特点,做好以下几个方面的工作:

(1)通知平台设施负责人;

(2)检查海上设施的标识灯、碍航灯等信号,开启雾号,并检查其是否处于正常的工作状态;

(3)检查VHF、AIS等助航设备,及早发现并联系航经海上设施附近的各类船舶;

(4)对靠泊海上设施作业的各类船舶,完善作业安全措施,必要时暂停靠泊作业。

思考题

1. 试述海上设施值班的作用和目的。
2. 试述海上设施值班的基本要求。
3. 海上设施瞭望的目的有哪些?
4. 海上设施瞭望的手段有哪些? 如何保持正规瞭望?
5. 能见度不良时,船舶和海上设施如何保持戒备?

第四节 碰撞危险的判断

碰撞危险的判断是船舶与海上设施识别碰撞危险、采取避碰措施以保障船舶和海上设施海上交通安全的前提。为便于海上设施工作人员更好地理解碰撞危险的含义,本节将在介绍基本航海知识、船舶交通管理知识的基础上,阐述碰撞危险的含义以及判断碰撞危险的方法。

一、基本航海知识

(一)航向与方位

1. 方向的确定和划分

航海上方向的划分通常有以下几个方法:

(1)圆周法:以正北为方向基准 000°,按顺时针方向计量到正东为 090°,正南为 180°,正西为 270°,再计量到正北方向为 360°或 000°。圆周法始终用三位数表示,是航海上最常用的表示方向的方法。

(2)半圆法:以正北或正南为方向基准,分别向东或向西计量到正南或正东,计量范围为 0°到 180°。

(3)罗经点法:罗经点法以东、南、西、北四个基本方向为基点,罗盘共计分为 32 个点,叫作 32 个罗经点,1 个罗经点的角度为 11.25°。

2. 航向、方位和舷角

航海上经常涉及的方向有两种:船舶航行的方向(航向)和物标的方向(方位),如图 2-4-1 所示。

船舶首尾线向船首方向的延伸线,称作航向线,代号 *CL*。船舶航行过程中,在测者地面真地平平面上,自真北线顺时针方向计量到航向线的角度,称船舶的真航向,计量范围为 000°~360°,代号 *TC*。

船舶和物标的连线称为物标的方位线,代号 *BL*。自真北线顺时针方向计量到物标方位线的夹角,称物标的方位角,代号 *TB*。从航向线到物标方位线之间的夹角,称物标的舷角或相对方位。舷角以航向线为基准,按顺时针方向计量到物标的方位线,代号为 *Q*。

根据航向、方位和舷角的定义,三者之间的关系如下:

$$TB = TC + Q \quad (Q:\text{右为正,左为负})$$

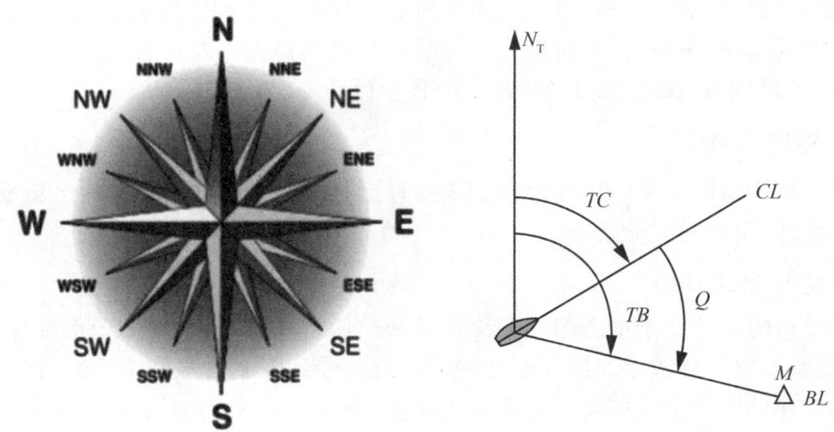

图 2-4-1　航向、方位和舷角

（二）船速、航速和航程

航程是船舶航行经过的距离，航海上一般用海里（n mile）作为航程的单位。

航速是指单位时间内的航程，用 v 表示，单位为节（kn），1 kn 等于每小时航行 1 n mile。

航海上习惯将船舶在无风流影响下的航行速度称为船速，而将船舶的对水航行速度称为航速。

实际航速（Speed Over Ground，SOG）：船舶对地运动的速度称为实际航速，代号为 v_G，实际航速＝航速±流速（顺流时为正，逆流时为负）。

（三）方位和距离的测定方法

物标或他船的方位测定方法主要有两种：一种是利用罗经的方位圈配合罗经观测物标的方位；另一种是利用航用雷达的机械方位标尺或电子方位线来测量物标的方位。

有关物标或他船的距离的测定，在航海上主要是利用船用雷达来测定本设施或船舶与物标的距离。

二、船舶交通管理的基本知识

（一）船舶交通管理的基本概念

船舶交通管理（Vessel Traffic Management，VTM）是指通过采取某些措施，监视船舶交通状况，整顿船舶交通秩序，协助船舶航行。其目的是通过监控、整顿船舶交通，建立良好的交通秩序，协助船舶航行，减少海难事故尤其是船舶碰撞、搁浅、触礁等事故的发生，从而保证船舶安全、保护水域环境和社会环境，提高船舶交通的效率。

船舶交通管理系统是实施船舶交通管理所必备的硬件系统，是广义的船舶交通服务系统的一个主要组成部分。船舶交通管理系统一般具备以下功能：

（1）数据收集。主要收集附近船舶的航向、航速、船位，能见度，气压等动态信息，以及船体、机器、设备、货物和航道、助航设施等方面的静态信息。

（2）数据评估。即对收集到的信息进行分析、评估和处理，成为交通管理决策的依据。

（3）信息服务。主要包括：通过播发船舶动态、能见度条件、他船意图等信息以协助所有船舶；与船舶交换有关安全的所有信息、船舶所处的交通条件和情况的信息；向船舶发布诸如船舶操纵性能受限、密集渔船群、特殊作业等航行障碍的警告等方式。

（4）航行协助服务、交通组织服务和支持联合行动等。

（二）船舶定线制

船舶定线制就是岸基部门用法律规定或推荐形式指定船舶在海上某些区域航行时所遵循或采用的航线、航路或通航分道等。

1. 船舶定线制的目的

船舶定线制的目的在于增进船舶汇聚区域和交通密集区域，以及由于水域有限、存在碍航物、水深受限或气象条件较差而使得船舶的行动自由受到限制的水域中的航行安全，并防止或减少由于船舶在环境敏感区域或其附近发生碰撞、搁浅或锚泊而对海洋环境造成污染或其他损害的危险。其具体目的包括下列各项或其中的几项：

（1）分隔相反的交通流，以减少对遇局面/态势的发生；

（2）减少穿越船与航行在已建立的通航分道内的船舶之间的碰撞危险；

（3）简化船舶汇聚区域内交通流的形式；

（4）在沿海开发或勘探集中的区域内组织安全的交通流；

（5）在对所有船舶或对某些等级的船舶航行有危险或不理想的水域中或其周围组织安全的交通流；

（6）在距离环境敏感水域安全距离上或附近组织安全的交通流；

（7）在水深不明或水深接近吃水的区域对船舶提供特殊指导，以减少搁浅的危险；

（8）指导船舶避开渔场或组织船舶通过渔场。

此外，1995 年 IMO 大会第 A. 827（19）号决议附则 3 通过的《关于船舶定线制的一般规定》的修正案，引进了“强制定线制”的概念，其是指 IMO 根据《1974 年国际海上人命安全公约》第 V/8 条的要求，通过强制要求所有船舶、特定类型船舶或载运特定货物的船舶使用的定线制。

2. 船舶定线制种类

船舶定线制包括分道通航制、环形道、沿岸通航带、双向航路、推荐航路、推荐航线、深水航路、警戒区、避航区、禁锚区等定线措施，可根据实际需要单独或组合使用。

（1）分道通航制（Traffic Separation Scheme）：通过适当方法和建立通航分道，以分隔相反的交通流的一种定线措施。

（2）环形道（Roundabout）：由一个分隔点或圆形分隔带和一个规定界限的环形通航分道所组成的一种定线措施。在环形通道内，通航船舶环绕分隔点或分隔带按逆时针方向航行而实现分隔。

（3）沿岸通航带（Inshore Traffic Zone）：由一个指定区域构成的一种定线措施，该区域位于分道通航制向岸一侧边界与邻近的海岸之间，并按照《规则》第十条 4 款规定使用。

（4）双向航路（Two-way Route）：在规定的界限内建立双向通航，旨在为通过航行困难或危险水域的船舶提供安全通道的一种措施。

（5）推荐航路（Recommended Route）：为方便船舶通过而设置的未规定宽度的一种航路，往往以中心线浮标作为标志。

(6)推荐航线(Recommended Track):经过特别选择以尽可能保证无危险存在并建议船舶沿其航行的一种航路。

(7)深水航路(Deep Water Route):在规定的界限内,海底及海图上所标志的水下障碍物已经精确测量适于深吃水船舶航行的航路。深水航路主要是预期给那些由于其吃水与有关区域的可用水深的关系而需要使用这一航路的船舶使用,在海图上标明最大吃水;浅吃水的船舶应尽量避免使用深水航路。

(8)警戒区(Precautionary Area):由一个规定界限的区域构成的一种定线措施,在该区域可能有推荐的交通流方向,船舶航行时必须特别谨慎地驾驶。

(9)避航区(Area to Be Avoided):由一个规定界限的区域构成的一种定线措施,在该区域内航行特别危险或对于避免海难事故特别重要,所有船舶或某些等级的船舶应避开该区域。

(10)禁锚区(No Anchoring Area):由一个规定界限的区域构成的一种定线措施,在该区域内船舶锚泊是危险的或可能对海洋环境造成无法接受的损害。除非是在船舶或人员面临紧迫危险的情况下,所有船舶或特定类型船舶应避免在禁锚区内锚泊。

3. 船舶定线制构成成分

一个实际采用的船舶定线制通常由下列成分构成:

(1)分隔带或分隔线(Separation Zone or Line):分隔交通流方向相反或接近相反的通航分道,或通航分道与邻近的海区,或分隔为同一航向的特殊级别船舶而设定的通航分道的带或线。

(2)通航分道(Traffic Lane):在规定界限内建立单向通航的一种区域,该区域即船舶通航的航路,其边界可以由分隔带或可能由自然碍航物构成。

(3)交通流方向(Established Direction of Traffic Flow):指示分道通航制内规定的交通运行方向的一种交通流图式,一般用实线空心箭头表示。

(4)推荐的交通流方向(Recommended Direction of Traffic Flow):在规定交通流方向不可行或不必要的地方,指示推荐交通运行方向的一种交通流图式,一般用虚线空心箭头表示。

4. 船舶定线制的使用方法

IMO 制定的《关于船舶定线制的一般规定》第 8 条规定了船舶定线制的使用方法。除非另有说明,船舶定线制推荐给所有的船舶使用;而且可以强制要求所有船舶、某些类型的船舶或者载运特定货物或特定类型和数量燃油的船舶使用。在非冰冻区域或者在冰情轻微不需要特别操纵或破冰协助的水域,船舶应当在任何天气条件下遵守船舶定线制的规定。在使用船舶定线制时,应注意以下事项:

(1)除特殊情况外,船舶均应当按指定的航路、规定的航行方法驾驶船舶;

(2)在 IMO 采纳的分道通航制水域或其附近航行时,应当严格遵守《规则》第十条的规定;

(3)船舶在地方主管当局制定的定线制或其附近航行时,应当严格遵守地方规则的规定;

(4)无论船舶在何种定线制或其附近航行,在避碰中并不享有任何特权,船舶仍有责任和义务遵守《规则》的各项规定,特别是《规则》第二章第二、第三节的规定;

(5)航道完全分隔是不可能的,在船舶汇聚处应特别谨慎地驾驶;

(6)船舶在双向航路上应尽可能靠右行驶;

（7）当船舶不利用警戒区或进出附近港口时，应当尽可能远离该区域；

（8）海图上标明的与船舶定线制相关的箭头仅仅指示规定的或推荐的交通总流向，船舶在航道中行驶时，其航迹向应与规定的或推荐的交通流方向尽可能一致，而不是严格地按照箭头设定其航向。

（三）船舶报告系统

为实施海上交通管理或提供救助服务，必须获得有关整个船舶交通状况及各个船舶动态的详细信息。这些信息，一种是通过雷达、AIS 获得，另一种则需要通过船岸通信获得，即通过船舶报告系统获得。

船舶报告系统是通过无线电通信或其他手段向岸基组织提供、搜集和交换船舶救助、交通管理、防污染和天气预报等有关信息的系统。

船舶应当按照船舶报告系统（如中国船舶报告系统，China Ship Reporting System，CHISREP）的相关要求，及时履行报告义务。

三、碰撞危险的判断

（一）碰撞危险、紧迫局面和紧迫危险的含义

《规则》将船舶从相遇到碰撞发生的整个过程，大致分为远距离或无碰撞危险、致有构成碰撞危险、存在碰撞危险、形成紧迫局面、导致紧迫局面、紧迫危险、碰撞的过程，如图 2-4-2 所示。

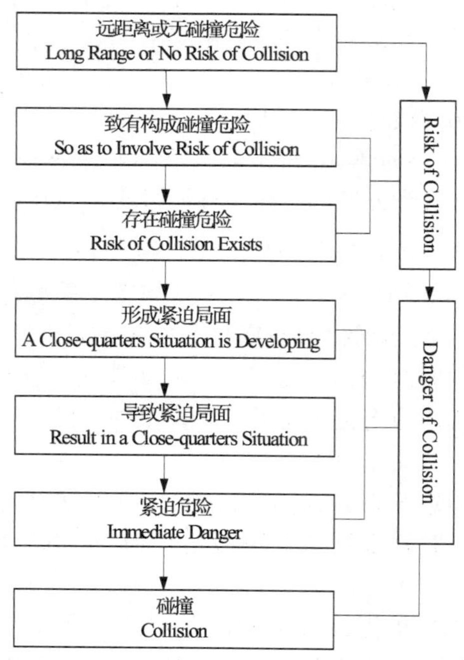

图 2-4-2　碰撞的过程

虽然《规则》并没有给出碰撞危险的定义，但《规则》多次使用了这一术语，且《规则》的很多条款是以构成碰撞危险为前提的。历史上的权威解释认为，碰撞危险是一种碰撞的可能性，

只不过对这种碰撞的可能性增大到何种程度时才能称为碰撞危险有着不同的理解。在英国，审理1856年Ericsson案件以及审理1856年Dumfries案件的法官认为，碰撞危险是一种碰撞的“盖然性（Probability：介于Certainty和Possibility之间）”；而在1857年审理Ericsson案件的另一位法官以及审理1856年Cleopatra案件的法官将碰撞危险的检验标准确定为碰撞的一个“机会（Chance）”或“可能性（Possibility）”。

紧迫局面是指当两船接近到单凭一船的行动已不能导致在安全距离上驶过的局面，即此时只有当两船均采取适当的行动且两船的行动是协调的，才可能导致两船在安全距离上通过。紧迫局面最初适用时的两船间距离，取决于多种因素，包括能见度、会遇态势、两船速度、船舶所处水域、通航密度、船舶尺度等，其中能见度情况是应当考虑的主要因素之一。大海上，通常认为在能见度不良的情况下，紧迫局面最初适用时的两船间距离以2~3 n mile为外界，但对互见中的船舶而言，有时1 n mile的距离也是可以接受的。

与紧迫局面相类似，《规则》也未给出紧迫危险的定义，但我国航海界普遍认为，紧迫危险是指当两船接近到单凭一船的行动已不能避免碰撞的局面，即此时只有两船均采取适当的行动且两船的行动是协调的，才可能避免碰撞的发生。同样，紧迫危险最初适用时的两船间距离，取决于多种因素，包括能见度、会遇态势、两船速度、船舶所处水域、通航密度、船舶尺度等，其中能见度情况是应当考虑的主要因素之一。大海上，通常认为在能见度不良的情况下，紧迫危险最初适用时的两船间距离以1~2 n mile为外界，在能见度良好的互见中，两船间的距离小于1 n mile可以认为已经构成紧迫危险。

（二）判断碰撞危险的主要依据

既然碰撞危险是一种碰撞的可能性，当同一船舶处于不同的环境和条件下，或者不同的船舶处在同一具体条件下时，不同的人对船舶是否存在碰撞危险有着不同的理解和认识。尽管碰撞危险与人、船舶、环境等因素有关，但是，总体而言，判断碰撞危险的最主要的因素是两船会遇时的最近会遇距离（Distance of Closest Point of Approaching，DCPA）和到达最近会遇距离处的时间（Time to Closest Point of Approaching，TCPA）。通常认为，当DCPA小于安全会遇距离，且TCPA较小时，应当认为两船存在碰撞危险。

1. 最近会遇距离

最近会遇距离表示两船在会遇的过程中最近时的距离，它是衡量两船是否可能发生碰撞的重要标准之一。DCPA为0，说明两船若保持航向和航速不变，将同时到达某一点，最终必将发生碰撞；DCPA大于0，说明两船之间有一定的通过距离，但这并不意味着可以安全通过，不安全，就意味着仍然存在碰撞危险。只有当两船的最近会遇距离超过安全会遇距离时，才可以认为不存在碰撞危险。

2. 到达最近会遇距离处的时间

到达最近会遇距离处的时间表示两船在会遇过程中的时间概念。当DCPA为0或DCPA小于安全会遇距离时，TCPA越小，表明船舶到达最近会遇距离处的时间越短，碰撞危险的程度越大；TCPA越大，表明船舶到达最近会遇距离处的时间越长，碰撞危险的程度相对越小。

3. 判断碰撞危险的原则

（1）当两船的最近会遇距离小于安全距离，且两船距离较近而在相互驶近时，两船构成碰撞危险。

(2)如有怀疑,应认为存在碰撞危险。

(3)不应当根据不充分的资料,特别是不充分的雷达观测资料做出推断。根据这一原则,在观测资料不充分时,不应当做出不存在碰撞危险的判断,而应假定存在碰撞危险,并尽可能收集更充分的观测资料进行判断,并(根据《规则》)采取相应的措施。

不充分的资料包括:相对方位的估计;凭雾号获得的资料;利用雷达两次测得数据进行标绘的资料;不准确的观测数据;观测次数少的观测资料;等等。

诚然,除考虑两船会遇时的最近会遇距离和到达最近会遇距离处的时间这两个因素外,在判断是否存在碰撞危险时,还应当考虑船舶所航行的水域环境、外界的气象和能见度情况、船舶的尺度以及船舶的操纵性能等多种因素。

(三)判断碰撞危险的方法

判断碰撞危险的方法主要有罗经方位判断法、舷角判断法、雷达标绘判断法等。

1. 罗经方位判断法

罗经方位判断法是船舶驾驶员或海上设施人员在能见度良好时,判断是否存在碰撞危险的一种最有效的方法。这种方法通过连续观测来船罗经方位的变化情况来判断碰撞危险,如来船的罗经方位没有明显变化,则应认为存在碰撞危险。

《规则》第七条4款对使用这种方法做出以下规定:“在判断是否存在碰撞危险时,考虑的因素中应包括下列各点:(1)如果来船的罗经方位没有明显的变化,则应认为存在这种危险;(2)即使有明显的方位变化,有时也可能存在这种危险,特别是在驶近一艘很大的船或拖带船组时,或是在近距离驶近他船时。”

(1)来船罗经方位没有明显变化,则应认为存在碰撞危险

如果通过连续观测发现来船罗经方位不变,且两船间距离在不断减小,表明两船间DCPA=0,存在碰撞危险,如图2-4-3所示。

如果经观测发现来船罗经方位有所变化,但变化幅度不大,在这种情况下,就需要了解和掌握来船方位变化和距离变化之间的关系,以便确定在这种情况下两船会遇的DCPA。

设本船位于O点,如图2-4-4所示,AC线为来船相对本船的相对运动线。当来船从距本船距离为D_1处减至D_2处时,来船的方位变化了ΔA,此时,两船的最近会遇距离DCPA$=d$,经推导得到:

$$\Delta A = \arcsin\frac{d}{D_2} - \arcsin\frac{d}{D_1}$$

根据上述公式,可列出方位变化与距离变化的关系表,如表2-4-1所示。

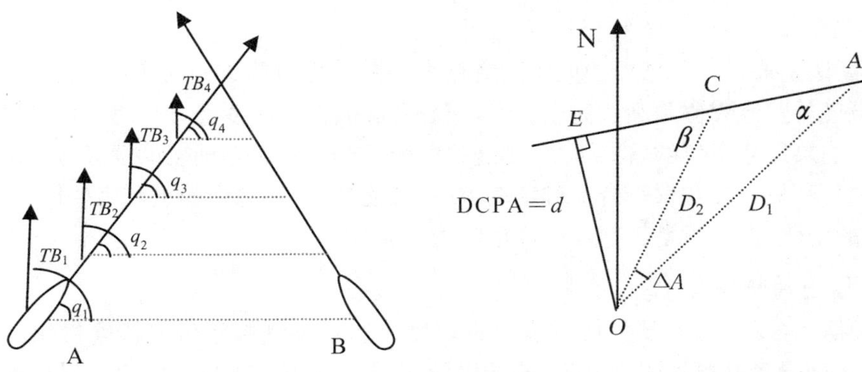

图 2-4-3　来船罗经方位不变　　　　图 2-4-4　来船方位变化和距离变化之间的关系

表 2-4-1　方位变化与距离变化的关系表

距离/n mile ΔA/° DCPA/n mile	1~2	2~3	3~4	4~5	5~6	6~7	7~8	8~9	9~10	10~11	11~12	12~13	13~14	14~15
0.25	7.3	2.4	1.2	0.7	0.5	0.3	0.3	0.2	0.2	0.1	0.1	0.1	0.1	0
0.50	15.5	4.9	2.4	1.5	0.9	0.7	0.5	0.4	0.3	0.3	0.2	0.2	0.2	0.1
0.75	26.6	7.5	3.7	2.2	1.4	1.0	0.8	0.6	0.5	0.4	0.3	0.3	0.2	0.1
1.00	60.0	10.5	5.0	3.0	1.9	1.4	1.0	0.9	0.7	0.6	0.4	0.4	0.3	0.3
1.50		18.5	8.0	4.5	3.0	2.1	1.5	1.2	1.0	0.8	0.6	0.5	0.4	0.4
2.00		48.2	11.8	6.4	4.1	2.9	2.1	1.6	1.3	1.0	0.8	0.7	0.6	0.5
2.50			17.7	8.7	5.4	3.7	2.7	2.0	1.7	1.4	1.1	0.9	0.8	0.7

通过对表 2-4-1 的分析可知，在两船 DCPA 相同的情况下，方位变化率随着两船间距离的减小而增大，这一点对正确判断碰撞危险有时是十分重要的。表 2-4-1 有以下用途：

①已知 DCPA，求不同距离的方位变化量，判定是否存在碰撞危险。例如，若已知 DCPA≥1 n mile，当来船从距离 6 n mile 减至 3 n mile 时，查表可知，DCPA = 1 n mile 时，$\Delta A = 1.9° + 3.0° + 5.0° \approx 10°$。因此，当实际观测到的方位变化 $\Delta A \geq 10°$ 时，则满足 DCPA≥1 n mile 的要求。

②已知不同距离的方位变化量，求 DCPA，判定是否存在碰撞危险。例如，若观测到一船在距离本船为 6 n mile 时，方位为 045°，距离本船为 3 n mile 时，方位为 042°，两次观测的方位变化 $\Delta A = 3°$。查表可知，当 DCPA = 0.5 n mile 时，方位变化应为 $\Delta A = 0.9° + 1.5° + 2.4° = 4.8°$，但实际观测只有 3°，DCPA 将小于 0.5 n mile，因此，通常情况下，应认为存在碰撞危险。

一般而言，来船罗经方位有明显变化，则不存在碰撞危险。当来船罗经方位明显减小时，对于本船右舷的来船，将从本船的船首前方通过；对于本船左舷的来船，将从本船的船尾后方通过。当来船罗经方位明显增大时，对于本船右舷的船舶，将从本船的船尾后方通过；对于本船左舷的船舶，将从本船的船首前方通过。

(2) 有明显的方位变化，有时也可能存在碰撞危险

即使来船罗经方位有明显的变化，有时也可能存在碰撞危险，通常是指以下几种情况：

①在较远的距离上，来船采取了一连串的小角度转向行动；

②在驶近一艘很大的船舶或拖带船组时；

③当近距离驶近他船时。

2. 舷角判断法

舷角判断法是通过观测来船的舷角的变化来判断碰撞危险的一种方法，也称为相对方位判断法，其原理与罗经方位判断法完全一致。众所周知，他船的罗经方位为本船的航向与他船的舷角之和，如果保持本船的航向不变，则他船的舷角的变化就是他船的罗经方位的变化。在实践中，船舶驾驶员只要在驾驶台上选定船上一点，使驾驶员、选定的点和来船成一直线，来观测来船舷角的变化，即可对是否存在碰撞危险做出判断。

3. 雷达标绘判断法

《规则》第七条 2 款对正确使用雷达以及利用雷达标绘法判断碰撞危险做出了具体的规定："如装有雷达设备并可使用，则应正确予以使用，包括远距离扫描，以便获得碰撞危险的早期警报，并对探测到的物标进行雷达标绘或与其相当的系统观察。"

正确使用雷达不仅能够及早发现来船，获得碰撞危险的早期警报，而且通过雷达标绘可以判断是否存在碰撞危险以及危险的程度。雷达标绘判断法被认为是在能见度不良情况下判断碰撞危险的最有效方法之一，即使在能见度良好的情况下，也经常被采用，并成为进行避碰决策的重要依据。通过雷达标绘，不仅可以得到来船的航速、航向、DCPA 和 TCPA，还可以求得避碰措施、避碰时机、恢复原来运动状态的时机等船舶避碰信息。此外，雷达标绘还是核查避碰效果的有效方法之一。

在采用雷达标绘判断法判断碰撞危险时，应当注意以下几点。

(1)正确使用雷达

正确使用雷达通常应当做到以下几点：①提前开启雷达；②调整好显示图像；③选择恰当的显示方式；④交替使用远近距挡和宽窄脉冲；⑤正确使用雷达面板上的各种按钮；⑥细致观察；等等。

在雷达观测过程中应熟练地使用雷达的辅助设备和显示功能。例如，正确地使用雷达屏幕上的固定距标盘、固定距标圈、活动距标圈、电子方位线等。

(2)利用雷达获得碰撞危险的早期警报

利用雷达远距离的扫描，可以及早地发现来船，特别是在能见度不良的情况下，可以在两船互见以前及时发现来船，以便获得碰撞危险的早期警报，同时可以使用雷达估计该水域的通航情况。船舶不仅应当在能见度不良时使用雷达来判断碰撞危险，在能见度良好时也应当使用，特别是在交通密度较大的水域。

(3)进行雷达标绘

进行雷达标绘来判断碰撞危险，是指通过系统连续观测来船雷达回波的距离、方位(三次或三次以上)，在专用的雷达标绘纸上或者直接在装有反射作图器的雷达屏幕上作图，求取来船的航速、航向、DCPA 和 TCPA 等信息，从而判断碰撞危险的方法。

(4)与雷达标绘相当的系统观察

《规则》允许用与雷达标绘相当的系统观察来代替雷达标绘，这主要是考虑到，当船舶在交通密度较大的水域中航行时，对观测到的所有物标都进行雷达标绘可能是不现实的。通常情况下，下列几种方法可以认为是与雷达标绘相当的系统观察方法：

①使用 ARPA(自动雷达标绘仪)或者使用与 ARPA 相连的 AIS 系统进行观测。ARPA 雷达能够随时提供物标的 DCPA 和 TCPA，以便船舶驾驶员判断碰撞危险。如果设定 DCPA 和

TCPA 的报警值,当有物标进入报警值范围时,ARPA 雷达还能够自动报警,以提示驾驶员存在碰撞危险。ARPA 雷达的使用,解决了人工标绘的麻烦,同时提高了标绘精度,是完全可以替代雷达标绘的一种观测方法。

②对于有经验的驾驶员,可以熟练地使用机械方位盘、电子方位线对物标进行连续的观测和分析,估计物标的 DCPA 和 TCPA,从而对是否存在碰撞危险做出判断。实践证明,这是一种行之有效的方法。应注意的是,要使用这种方法要求首先对雷达上物标运动的机理有透彻的认识,其次能熟练使用雷达,只有这样才能对观测的误差和观测的结果做出正确的估计。

③指定专人对雷达提供的信息进行连续观察,并能够根据有关辅助方法,如方位与距离变化表等,对碰撞危险做出判断。采用这种方法更需要熟练的技巧和丰富的经验,缺乏相应实践和经验的船长和驾驶员不宜采用该方法,而应当进行雷达标绘。

四、海上设施判断碰撞危险的方法

如前所述,除移动式平台外,其他海上设施不同于可移动的船舶,位置相对固定,故海上设施在海上避碰中往往处于被动避碰地位。海上设施的碰撞危险主要来自两方面:一方面,附近航行船舶的碰撞风险;另一方面,作业服务船舶带来的作业碰撞事故风险。故各类海上设施在判断碰撞危险的方法上,需要根据不同情况结合设施特点分别讨论。

1. 附近航行船舶的碰撞危险

在航海实践中,为保证通航安全,通航船舶一般与障碍物之间保持 2 n mile 以上的安全距离。因此,结合海上设施的生产实践和航海实践,可以在海上设施周围设置通航安全区、通航控制区和禁航区。海上设施最外缘向外扩展 500 m,一般可以设置为禁航区,要求无关船舶不得进入海上设施的禁航区;海上设施最外缘向外扩展 2 n mile,可以作为通航安全区的内边界,而禁航区与通航安全区之间的区域可以设置为通航控制区,对船舶进入该区域要进行严格控制,如图 2-4-5 所示。因此,一旦发现船舶进入海上设施通航控制区,应引起高度重视,及时判断碰撞危险,并采取相应的措施。

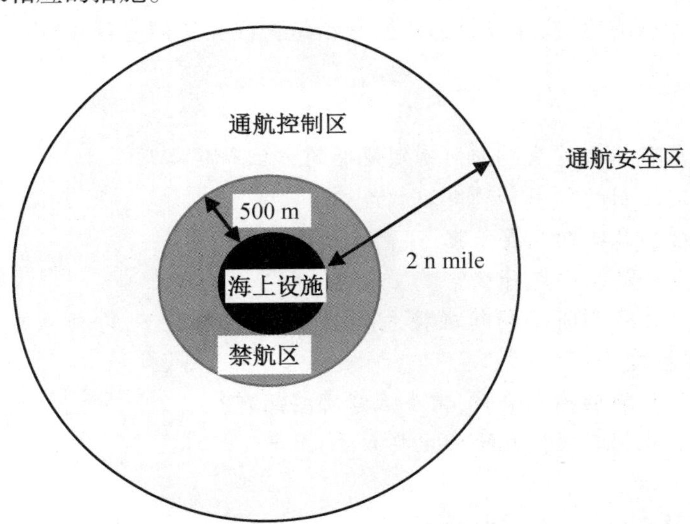

图 2-4-5　海上设施周围的禁航区、通航控制区和通航安全区

对于来自航行船舶的碰撞危险，虽然海上设施处于被动避碰地位，但是海上设施上负有避碰和通信职责的值班人员仍然可以参考《规则》对锚泊船舶、搁浅船舶的避碰与值班要求，加强对航经海上设施附近船舶的瞭望和观测，根据海上设施的实际避碰设备的配备情况，及早发现来船，利用包括并不限于以下几种方法用来判断碰撞危险：

（1）利用视觉、听觉、雷达等多种手段及早发现来船对海上设施及其附属设施带来的碰撞危险和作业的干扰。

（2）利用前述船舶避碰中使用的罗经方位判断法判断碰撞危险。在海上设施固定或其首尾向保持不变的情况下，可以利用近似于舷角方位观测的方法来判断碰撞危险，即选定海上设施面向危险船舶某一点，使海上设施值班人员、选定的点和来船成一直线，通过连续观测，对来船方位或舷角的变化进行判断，如方位或舷角基本保持不变，而距离越来越小，则可以认为存在碰撞危险。

（3）对于配有雷达、AIS 或者 ECDIS 的海上设施，还可以利用雷达观测和 AIS 的数据分析进行判断，方法同前述船舶利用雷达或 AIS 判断碰撞危险的方法。

（4）对于配有守护船的海上设施，还可以提请守护船的驾驶人员协助瞭望和判断碰撞危险。

2. 作业服务船舶的碰撞危险

海上设施的另一主要碰撞风险是来自海上设施作业区内的服务船舶。为完成不同的海洋工程或作业，海上设施的服务船舶需要采用如抛锚带缆、手动操纵、动力定位辅助、海上插装抬升等多种近距离的靠泊方式，此时已经不再适合利用《规则》碰撞局面方法判断是否处于紧迫局面或者紧迫危险。因此，在海上设施有作业服务船舶靠泊作业时，需要安排具有一定海上工程作业经验的海上值班人员到达海上设施的外部，根据作业船舶靠泊海上设施的位置，寻找合适的场所进行现场观测并做出有效的瞭望判断，以防止作业船舶与海上设施的碰撞。

由于海洋工程作业的服务船舶种类繁多，船舶靠泊作业的方式多种多样，海上设施值班人员有时无法从航向上判断出船舶与海上设施的碰撞危险，更多应关注近距离靠泊作业的服务船舶的靠泊距离和靠泊速度，并以此为依据判断是否存在碰撞或触碰危险。

思考题

1. 方位和舷角有什么关系？如何测定他船的方位和距离？
2. 试述船舶定线制的作用和种类。
3. 试述判断碰撞危险的主要依据。
4. 判断碰撞危险的原则是什么？
5. 在利用罗经方位判断法判断碰撞危险时，在哪些情况下，即使来船的方位有明显的变化，仍可能存在碰撞危险？
6. 在使用雷达判断碰撞危险时，需要注意哪些问题？
7. 试述海上设施判断碰撞危险的主要方法。

第五节 避免碰撞的行动

一、海上设施的避碰责任

1. 构成《规则》“船舶”的海上设施的避碰责任

如前所述，海洋石油作业设施，包括海上移动式钻井船或平台、物探船、铺管船、起重船、固井船、酸化压裂船等，均属于《规则》“船舶”的范畴。它们可能属于普通的机动船（在航或锚泊），也可能由于其所从事工作的性质构成操纵能力受到限制的船舶，但究竟是否构成操纵能力受到限制的船舶，则取决于其是否符合《规则》中“操纵能力受到限制的船舶”的定义。但是，无论如何，这些海洋石油作业设施（船舶）均应当严格按照《规则》的规定，确定避碰责任，具体可能包括以下几种情况：

（1）若海洋石油作业设施（船舶）为《规则》中的在航机动船，则其应当按照《规则》“驾驶和航行规则”的规定，确定其与其他船舶或设施之间的避让责任。

（2）若海洋石油作业设施（船舶）因其从事的工作性质而使得其按照《规则》条款的要求进行操纵的能力受到限制因而不能给其他船舶让路，也就是构成“操纵能力受到限制的船舶”，则其在互见中可能为一艘被让路船，具体应根据“船舶在互见中的行动规则”确定；当其与其他船舶处在能见度不良或其附近水域而不在互见中时，则其与其他船舶仍然负有同等的避碰责任和义务。

（3）若海洋石油作业设施（船舶）为《规则》中的锚泊船舶，则其应当根据《规则》有关锚泊船舶的规定，履行锚泊船舶的避碰值班职责。

2. 不构成《规则》“船舶”的海上设施的避碰责任

除上述构成《规则》“船舶”以外的海上设施，鉴于这些海上设施通过底部支撑结构或者非刚性系泊缆索等固定在海上某一作业水域的特性，这些海上设施在避碰中均处于被动的地位，在船舶与海上设施的避碰中，按照良好船艺的要求和海员通常做法，船舶应当主动避让这些海上设施。

然而，即使船舶应当主动避让这些海上设施，也并非这些海上设施无须采取任何避碰行动。为确保海上交通安全，这些海上设施可以参照锚泊船舶、搁浅船舶或者系岸船舶的要求，保持相应的值班制度和瞭望制度，采取必要和可行的避碰行动，避免船舶碰撞或触碰海上设施。

二、海上设施的避碰措施

对于构成《规则》“船舶”的海洋石油作业设施，其避碰行动，应当严格按照《规则》的要求采取，不再赘述。

对于不构成“船舶”的海上设施，鉴于其在避碰中均处于被动地位的特性，其采取的避碰措施主要为警戒、VHF 联络、警告等，具体包括：

（1）检查海上设施的助航信号，包括助航标识灯、障碍灯、声响信号（雾笛）等，确保这些助航信号处于正常显示或鸣放状态，尤其是在能见度不良的情况下。

（2）在值班中，若通过瞭望（包括视觉瞭望、雷达瞭望或 AIS 等设备的瞭望）发现他船正在驶近本设施并存在碰撞危险，或者对驶近的船舶的意图或行动不清，或者怀疑他船是否正在采取足够的行动以避免碰撞时，对于配备有 VHF 的海上设施，可以利用 VHF 16 频道与他船取得联系，提出警告；若附近有海上交通管理系统，还可以用 VHF 向岸基海上交通管理部门报告相关情况，通过岸基海上交通管理部门提出警告；在互见中，海上设施可以鸣放五声短而急的警告信号，还可以用五短闪的灯光信号加以补充；在能见度不良的情况下，海上设施可以鸣放合适的笛号（如单字母信号码语“U”）。必要时，海上设施还可以使用招引驶近船舶注意的其他信号，招引他船的注意。

（3）对于设有守护船舶的海上设施，还可通知守护船舶对驶近海上设施的船舶予以驱离。

（4）针对海上设施作业区域内作业服务的船舶，由于作业服务船舶需要近距离靠泊海上设施或者在海上设施周边进行守护，可以参照《海洋石油安全管理细则》的相关要求以落实海上设施的相关避免碰撞的责任，具体包括：

a. 负责船舶在海上作业的组织实施和安全管控；

b. 负责制订现场作业计划，并告知作业相关方；

c. 负责制定作业要求、风险识别和作业的安全管控；

d. 如果对常规作业有特殊的要求，需提前告知船舶；

e. 告知可能影响船舶安全作业的相关信息，如工程施工作业、油船外输作业、潜水作业、舷外作业等。

思考题

1. 试述构成“船舶”的海上设施的避碰责任。

2. 试述不构成“船舶”的海上设施的避碰责任。

3. 海上设施的避碰措施有哪些？

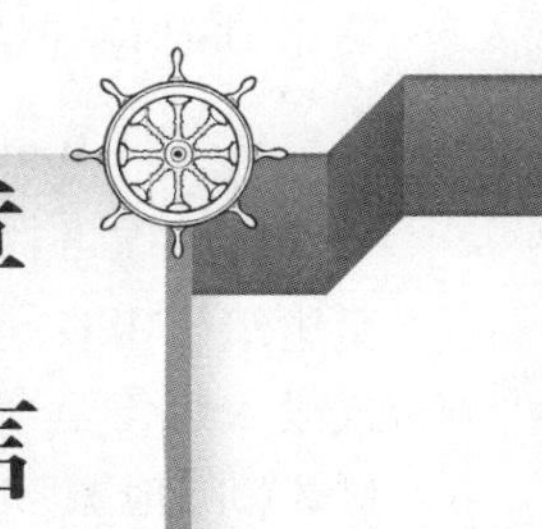

第三章 海上设施通信

第一节 全球海上遇险与安全系统概述

全球海上遇险与安全系统(GMDSS),是指IMO提出并实施的用于船舶遇险、安全和常规通信的全球海上无线电通信系统,具有遇险报警、搜救协调通信、救助现场通信、海上安全信息播发、寻位、日常通信以及驾驶台对驾驶台安全避让通信等功能。它建立的目的是最大限度地保障海上人命与财产的安全,并伴随着无线电通信技术的发展而不断发展。

船舶一旦遇险,GMDSS能够立即向陆上搜救机构及附近航行船舶通报遇险信息,陆上搜救机构能够以最短时间延迟进行协同搜救活动。GMDSS将全球海域分为A1、A2、A3和A4海区,所有从事国际航行的客船、300总吨及以上的货船,必须按照航行的海区配备符合GMDSS要求的无线电通信设备。GMDSS已被写入SOLAS公约(1988年修正案)第Ⅳ章,于1992年2月1日起开始实施,1999年2月1日起全面实施。

一、GMDSS组成

GMDSS按照其空间范围划分,可以分为地面通信系统和卫星通信系统;按照其功能和频率划分,可以分为MF/HF通信系统、VHF通信系统、Inmarsat系统、铱星系统、海上安全信息播发系统以及定位和寻位系统。

(一)MF/HF通信系统

中/高频(MF/HF)通信系统是地面通信系统的主体之一,包括MF/HF无线电话系统、数字选择性呼叫(DSC)系统、窄带直接印字电报(NBDP)系统,用于船岸间、船舶间的中、远距离遇险、紧急、安全和常规的无线电话通信,数字选择性呼叫和无线电传通信,实现遇险报警、搜救协调通信、现场通信、海上安全信息(MSI)的收发和常规通信功能。该系统包括单边带无线电话、MF/HF DSC终端、NBDP终端和DSC值守接收机等设备。

(二)VHF通信系统

甚高频(VHF)通信系统是地面通信系统的主体之一,包括VHF无线电话系统、数字选择性呼叫(DSC)系统,工作在156~174 MHz,主要用于船岸间、船舶间近距离遇险、紧急、安全和常规的无线电话通信和数字选择性呼叫,可实现遇险报警、现场通信、常规通信和驾驶台对驾驶台通信等功能。该系统包括VHF调频电话、双向VHF电话、船用VHF对讲机、VHF DSC、VHF DSC值守接收机等设备。

(三)Inmarsat系统

国际海事移动卫星通信系统(Inmarsat)是第一个全球移动卫星通信系统,由国际移动卫星组织(IMSO)运营,为全球海上、陆地和航空用户提供现代化通信业务。从Inmarsat系统正式投入运营至今,先后出现了Inmarsat-A、B、C、D/D+、M、mini-M/M4、E、F、FBB,航空宽带系统(SB),陆地宽带系统(BGAN),手持机系统(IsatPhone),Gx,Fx等,目前运行并满足GMDSS要求的有Inmarsat-C系统和Inmarsat-FBB船队安全业务。

(四)铱星系统

铱星系统是第二个被IMO认可的移动卫星通信系统,于2020年1月正式提供GMDSS服务,也是现在唯一真正实现全球移动安全语音服务、短脉冲数据服务和增强群呼(EGC)功能的卫星通信网络,可覆盖大陆、海洋、航空和极地地区。

(五)海上安全信息播发系统

海上安全信息(MSI)是指有关航行安全的信息,这些信息包括海岸电台播发的航行警告、气象警告、气象预报等有关航行安全的信息;也包括船舶在航行中发现危及船舶航行安全的情况,或者本船主机发生故障、正在漂流而需告知其他船舶注意的信息等。

GMDSS系统中,用于播发MSI的系统由三个分系统构成,即奈伏泰斯(NAVTEX)系统、Inmarsat系统中EGC安全网系统(SafetyNET)和可用来扩充这些系统的高频窄带直接印字电报系统(HF NBDP)。

(六)定位和寻位系统

定位和寻位系统由国际搜救卫星系统(COSPAS-SARSAT)及现场寻位系统组成,提供快速报警、定位、识别和寻位服务,以尽快确定遇险者的位置或方位。该系统的船载设备包括406 MHz紧急无线电示位标(EPIRB)、搜救雷达应答器(Radar-SART)和自动识别系统搜救发射器(AIS-SART)。

二、GMDSS的基本功能

GMDSS具有以下基本功能:

(一)遇险报警

遇险报警是指海上遇险船舶或设施向搜救协调中心(Rescue Coordinating Centre,RCC)和附近的船舶迅速、有效地发出遇险报警信息,RCC收到报警后立刻采取措施,可通过海岸电台或卫星地面站及时将报警信息转发到有关的搜救单位和遇险现场附近的其他船舶,并负责指挥协调救助。遇险报警属于单向通信,可在船对岸、船对船、岸对船三个方向上进行,遇险报警的内容主要包括遇险船的识别、遇险的位置、遇险的时间及遇险的性质和有助于搜救的其他信息。

（二）搜救协调通信

搜救协调通信是指 RCC 成功收到遇险报警信息后，与遇险船、参与救助的船舶或飞机及陆上其他有关搜救协调中心间进行协调搜救活动的通信。RCC 距离海事发生现场相对较远，所以搜救协调通信属于远距双向通信。搜救协调通信可使用合适的海上遇险和安全通信频率，采用无线电话和无线电传等通信方式进行，这主要取决于船舶设备的配备和遇险船舶或海上设施所处的海域。

（三）救助现场通信

在救助现场，遇险船舶或救生艇与参与救助的各单位（救助船或飞机）间、各救助单位间为向遇险船提供援助或为救助幸存者而进行的直接通信就是现场通信。现场通信通常采用无线电话或无线电传在中频和甚高频波段的海上遇险与安全通信频率上进行。飞机参与现场通信时，通常采用的频率为 121.5 MHz、123.1 MHz、3 023 kHz、4 125 kHz 和 5 680 kHz。此外，救助飞机还可以使用 2 182 kHz、156.8 MHz 与其他移动单元通信。现场通信属于近距离双向通信。

（四）搜救定位

搜救定位是寻找和发现遇险目标（遇险船舶、救生艇或幸存者）的过程。在救助现场迅速找到遇险目标是实现及时救助的前提。参与救助的船舶仅凭收到的遇险报警信息往往难以准确、及时地找到遇险目标，这主要是由于遇险船要受到复杂海况的影响，同时报警的定位系统也存在一定的允许误差。因此，救援船或飞机到达海事发生现场后，必须依靠一种定位手段快速、有效地找到遇险船舶、救生艇或幸存者，以便及时进行救助。

1992—2010 年，现场寻位系统由遇险目标携带的搜救雷达应答器和救助船或飞机上的 X 波段雷达所构成。从 2010 年 1 月 1 日起，自动识别系统搜救发射器（AIS-SART）也可作为搜救定位装置，通过自动识别系统在 AIS 的专用信道上自动发射遇险信息。搜救寻位装置在海上搜救中发挥了关键性作用，目前船舶既可采用搜救雷达应答器，也可选用自动识别系统搜救发射器，两种设备均符合 GMDSS 设备的配备要求。

同时，406 MHz 紧急无线电示位标也可使用 121.5 MHz 为救助飞机提供引导信号，有助于救助飞机迅速发现遇险幸存者。根据 2019 年 6 月 14 日海上安全委员会第 471（101）决议，从 2022 年 7 月 1 日起，406 MHz 紧急无线电示位标除需要提供 121.5 MHz 作为搜救飞机的引导信号外，还需要具有将 AIS 信号作为搜救引导信号来提升 406 MHz EPIRB 设备的搜救能力。

（五）海上安全信息的播发与接收

为了保证船舶航行的安全，GMDSS 提供了有效的手段及时向在航船舶播发海上安全信息（MSI），包括航行警告、气象警报、气象预报以及其他有关航行安全的信息，同时船舶按要求配备相应的设备并自动接收，从而为船舶航行提供预防性安全保障。按照覆盖区域划分，海上安全信息的播发可通过以下系统实现：①奈伏泰斯（Navigational Telex，NAVTEX）系统；②增强群呼（Enhanced Group Call，EGC）系统；③高频无线电传系统（HF NBDP）系统。

其中 NAVTEX 系统服务于 A1 和 A2 海区；EGC 系统服务于 A3 海区；HF NBDP 系统服务于 A4 海区。

（六）常规通信

常规通信是指遇险、紧急、安全通信以外的船舶业务和公众业务的通信，即船舶与陆上的管理部门、有关用户、港方等进行有关管理、调度、货物及个人方面的通信。

（七）驾驶台对驾驶台通信

驾驶台对驾驶台通信（Bridge to Bridge Communication）是指船舶在狭水道和繁忙水道航行或进出港口避让以及在水上交通管理系统中，采用 VHF 无线电话进行有关安全方面的通信。

三、海区划分

根据 1988 年 IMO 通过的 SOLAS 公约修正案，要求每一艘 SOLAS 公约船舶应按其所工作的海区配备相应的无线电通信设备，也就是说船载通信设备应与其所航行的海区相适应。在 GMDSS 中，根据海岸电台使用的各频段无线电波的覆盖范围和其所提供业务的能力，全球海域划分为四个海区，分别为：

（1）A1 海区——以岸台为中心，至少一个具有连续有效数字选择性呼叫报警能力的甚高频（VHF）海岸电台无线电话所覆盖的海域。一般处于距岸 25～30 n mile 的海域。

（2）A2 海区——不含 A1 海区，以岸台为中心，至少一个具有连续有效数字选择性呼叫报警能力的中频岸台无线电话所覆盖的海域。一般处于距岸 25～150 n mile 的海域。

（3）A3 海区——具有连续有效报警能力的国际移动卫星系统同步卫星所覆盖的海域，但不包括 A1 和 A2 海区。一般是指 76°S～76°N 除了 A1 和 A2 海区之外的海域。

（4）A4 海区——A1、A2 和 A3 海区之外的海域，主要是指南、北纬 76°以外的大部分海域。

GMDSS 的四个海区是互不重叠的，并且以岸基为参照，以电波覆盖的有效范围为标准。在两极区域也存在 A1 或 A2 海区，因为那里的部分地区也设有 VHF 或 MF 海岸岸台。

思考题

1. 何谓 GMDSS？按照功能和作用划分，可以分为哪些系统？
2. GMDSS 具有哪些功能？
3. 简述 A1、A2、A3、A4 海区的定义。

第二节 海上设施各种通信程序

国际电信联盟（ITU）将海上通信划分为遇险、紧急、安全和常规四个优先级别。以下介绍的船舶在海上的通信程序也同样适用于装设有相应通信设备的海上设施。

一、遇险通信

（一）遇险通信的定义

遇险通信包括遇险报警和后续通信。遇险报警表明发送报警的移动单元，如船舶、航空器以及其他载运工具或人员处于紧迫危险,需要立即救援。后续通信主要包括遇险呼叫、遇险电文以及针对险情展开搜救协调通信、现场通信等业务。

（二）遇险通信频率

为了更有效地利用频率资源,避免相互干扰,ITU 为不同的通信优先等级划分了不同的频率,并在《无线电规则》中给予规定。表 3-2-1 所示的是 GMDSS 地面通信系统的遇险和安全通信频率,可以用于遇险报警、遇险确认与转发、遇险后续通信、紧急通信和安全通信等。

表 3-2-1　地面系统的遇险、紧急和安全通信频率表

波段＼通信方式	DSC	无线电话	NBDP	其他
MF	**2 187.5 kHz**	**2 182 kHz**	2 174.5 kHz	
HF	4 207.5 kHz	4 125 kHz	4 177.5 kHz	3 023 kHz 5 680 kHz
	6 312 kHz	6 215 kHz	6 268 kHz	
	8 414.5 kHz	8 291 kHz	8 376.5 kHz	
	12 577 kHz	12 290 kHz	12 520 kHz	
	16 804.5 kHz	16 420 kHz	16 695 kHz	
VHF	**156.525 MHz** **(CH 70)**	**156.8 MHz(CH 16)** 156.65 MHz(CH 13) 156.3 MHz(CH 06) 121.5 MHz 123.1 MHz 161.975 MHz(CH AIS1) 162.025 MHz(CH AIS2)		
UHF				9 200~9 500 MHz

（三）遇险报警方法

1.遇险报警方法概述

所有与遇险相关的通信都必须在得到移动单元负责人授权的情况下进行。遇险报警既可以通过地面系统实现,也可以通过卫星系统实现。

在地面系统中,根据船舶设备配备状况、航行环境、当时电离层的无线电波传输特性、海岸电台的值守频率等因素,利用 MF/HF/VHF 设备的 DSC 终端通过海岸电台向 RCC 或者直接向遇险船舶附近的船舶报警。

在卫星系统中,利用经 GMDSS 认可的移动卫星业务船舶地球站,设置遇险优先级别,通过卫星经由地面站向 RCC 报警;或利用 COSPAS-SARSAT 系统中的 EPIRB,通过 COSPAS-SARSAT 系统卫星经由本地用户终端(Local User Terminal,LUT)和任务控制中心(Mission Control Center,MCC)向 RCC 报警。

无论采取何种手段,遇险报警最终都应该被 RCC 所接收。

对于船舶电台来讲,首要考虑的报警方式就是船对岸报警,只要实现了船对岸报警,岸上的搜救机构就可以持续地向海上转发报警。船对船报警方式只能通过 DSC 来实现,尽管 DSC

报警反应迅速,但是由于在报警初期缺少岸上搜救机构的协调,报警和搜救成功率往往较低。

根据 SOLAS 公约、ITU《无线电规则》和《国际航空和海上搜救手册》的要求,在遇险报警电文中必须包括遇险船舶的识别码、报警的船位和时间,并且尽可能加入遇险性质、需要的援助种类等其他任何有利于援助的信息。这些信息可以在报警之前由操作员预置,或者报警时由导航设备自动注入。

2. DSC 遇险报警及其确认和转发

(1)DSC 遇险报警

航行在 A1、A2 海区的船舶,可以通过 MF 和/或 VHF DSC 向海岸电台或附近的其他船舶电台发射遇险报警。航行在 A3 和 A4 海区的船舶遇险时,可通过 HF DSC 向海岸电台发射遇险报警。选择 HF DSC 遇险报警频率时,遇险船舶应考虑无线电波的传播特性、本船地理位置、当时的时间(不同季节和一天中的不同时刻)等因素。根据情况不同,156.525 MHz、2 187.5 kHz 和 8 414.5 kHz 通常可以作为首选的报警频率。DSC 遇险呼叫的接收对象为报警信号覆盖范围内的"所有电台"。

DSC 遇险报警发送程序如下:

首先,调谐发信机至相应的 DSC 遇险报警频率上,如果时间允许,在 DSC 控制器上输入或选择以下信息:

①遇险性质。

②船位。

③船位提取时间(UTC)。

根据 SOLAS 公约第Ⅳ章第 18 条,手动更新操作只有在设备出现异常情况并导致船位和时间参数不能自动更新时才被使用,因此上述的船位和船位提取的时间两项内容通常由导航仪器自动注入和更新。

④后续通信方式(默认为无线电话)。

然后,启动/发射 DSC 呼叫。

最后,等待 DSC 遇险报警确认信息。

当遇险船舶收到 DSC 遇险报警确认信息后,设备报警动作自动停止。此时,遇险船舶应根据报警电文中指明的后续通信手段,将发信机调谐到和遇险确认频率同一波段的相应遇险频率上。例如,遇险船采用多频呼叫尝试方式发送了遇险报警,其中指明后续通信方式是无线电话。发出报警后,在 2 187.5 kHz 频率上收到确认,则调谐到 MF 的 2 182 kHz 频率上;若在 8 414.5 kHz 上收到确认,则调谐到 8 291 kHz 频率上,按无线电话遇险呼叫、遇险电文格式与确认方进行后续通信。无线电话遇险呼叫、遇险电文格式将在本节后文进行阐述。

(2)DSC 遇险报警确认

遇险报警确认(Acknowledgement of Distress Alert)简称遇险确认,是指收到遇险报警信号后收到方对遇险报警的应答。遇险确认必须手动进行操作,且在与遇险报警相同的频率上进行。DSC 遇险确认有以下作用:

①表明 DSC 遇险报警已被确认台收妥,确认台承担了相应的责任。

②通知其他电台遇险报警的处理状态,以利于其他电台做出反应(见本节前面相关阐述)。

③停止报警电台发射机的重复报警。

确认电文一般包含报警系列里面的大部分信息。值得注意的是，收到遇险报警的船舶电台通常不推荐使用 DSC 予以遇险确认，DSC 方式的确认通常由合适的海岸电台完成，但是如果船舶电台在 MF/VHF 信道持续收到遇险船的 DSC 遇险报警，在与 RCC 或某海岸电台协商后并在其指示下，可发射 DSC 遇险确认信息用来中断遇险报警。这说明此时海岸电台的 DSC 设备无法直接对遇险船舶的 DSC 报警进行确认。如果船舶电台在 HF DSC 上收到遇险报警，应该根据遇险报警内容在指定的频率上以指定的通信模式保持值守，而不应该对遇险报警进行确认。

(3) DSC 遇险报警转发

DSC 遇险报警转发是指以 DSC 技术转发所收到的遇险报警序列，可由海岸电台或船舶电台根据情况进行。

当海岸电台收到 DSC 遇险报警时，考虑到其他船舶电台可能没有接收到初始的 DSC 遇险报警，或者由于遇险船舶电台在非标准遇险频率上发送了初始的遇险报警，或在标准的遇险频率上发射了遇险报警，但没有使用 DSC 手段，或有必要进一步向遇险船舶提供援助等因素，往往需要向其他在航船舶转发遇险报警。

当船舶电台在 VHF 和 MF 波段收到 DSC 遇险报警时，不允许实施对所有船的 DSC 遇险转发，但可视情况向某一个特定海岸电台实施遇险报警的转发。当船舶电台在 HF 波段上接收到 DSC 遇险报警，并在至少 5 min 内没有收到其他任何电台的遇险确认时，应利用适当的无线电通信手段通知 RCC 或进行船到岸的遇险报警转发。不管使用什么方式进行遇险转发，转发的信息必须清楚地注明不是发射台本身遇险。此外，当一艘船发现遇险船自身无能力发射遇险报警时，或者该船的船长认为有必要对遇险船提供进一步的帮助时，可以通过遇险转发方式代替遇险船发送遇险报警。但是这种情况下，报警信息中需要指明遇险的是另外一艘船。

DSC 遇险转发程序如下：

①将发射频率设置为 DSC 遇险频率。

②选择“Distress Relay Call”编辑呼叫序列。

③在 DSC 控制面板上输入或选择以下信息：

- All Ships Call 或 Geographical Area Call 或合适海岸电台的 MMSI；
- 遇险船的 MMSI（如果知道）；
- 遇险性质；
- 遇险船的最新位置（如果知道）；
- 遇险船位置对应的 UTC 时间（如果知道）；
- 后续遇险通信方式（例如 Telephony）。

④发射 DSC 遇险转发呼叫。

⑤将收、发机设置在与遇险转发频率同波段的无线电话遇险与安全通信频率上，准备进行后续遇险通信。

由前面的阐述可以看到，DSC 遇险报警可以根据情况转发给所有船（All Ships），或发给选定的一组/一艘船或某一岸台（Individual/Group），也可以发给某确定海域内的所有船舶（Geographical Area）。当利用海呼或者选呼的方式转发 DSC 遇险报警时，虽然不在指定分组或者指定地理海区内的船舶电台也有可能收到遇险报警，但是这些电台不予响应，打印机和报警装置都不会启动。

3. 无线电话遇险呼叫和遇险电文

船舶无线电话包括 SSB 电话、VHF 电话及卫星电话，尽管它们隶属于不同的通信系统，采用的是不同的通信技术，但遇险呼叫和遇险电文的格式是相同的。它们都应首先进行遇险呼叫，然后进行遇险电文通信。

（1）无线电话遇险呼叫

SSB 和 VHF 无线电话遇险呼叫应尽可能使用表 3-2-1 中列明的无线电话遇险频率，卫星电话直接拨打海上搜救中心电话。遇险信号为“Mayday”，在无线电话上读作法语的“m' aider”。在利用无线电话进行遇险呼叫时，每一次呼叫应该前缀上述的遇险信号标识。

无线电话遇险呼叫格式如下：

- 遇险信号“Mayday”，三次；
- This is（语言出现障碍时可使用 DE，读作“Delta Echo”，意为“这是”），一次；
- 遇险船舶的船名，三次；
- 遇险船舶的呼号或其他识别信息，一次；
- MMSI（如果已经使用 DSC 发送了初始报警），一次。

（2）无线电话遇险电文

紧跟在遇险呼叫后面的是遇险电文信息的发送，具体格式如下：

- 遇险信号“Mayday”；
- 遇险船舶的船名；
- 遇险船舶的呼号或其他识别信息；
- MMSI（如果已经使用 DSC 发送了初始报警，需要补充 MMSI）；
- 遇险位置，如经纬度，或给出已知地理位置作为参照位置信息；
- 遇险性质以及期望得到的救助；
- 其他有助于救助的信息；
- Master（表示该电文已经经过船长授权）。

为了使遇险通信既方便、快捷，又在一定程度上避免受到干扰，当遇险船舶通过 DSC 终端发射报警并成功收妥报警确认时，双方根据 DSC 报警信息可直接在 2 182 kHz 或者 VHF 16 信道上开展无线电话遇险电文通信，而不再需要进行无线电话遇险呼叫流程。

【无线电话遇险呼叫和遇险电文通信实例】

Mayday, Mayday, Mayday.

This is M/V ×××, M/V ×××, M/V ×××.

My call sign is ×, ×, ×, ×.

(MMSI is 412123456)

Mayday.

This is M/V ×××, I am in danger. My position is Latitude 37. 5 degrees North, Longitude 123. 5 degrees East. I am on fire at 1645 local time and have IMO-Class B chemical on board. I require fire-fighting assistance.

Master. Over.

（3）无线电话遇险确认

使用无线电话进行遇险确认需要使用表 3-2-1 中列明的无线电话遇险频率，并向通信范围内的所有电台进行发送。无线电话对遇险船舶报警的确认呼叫格式如下：

- 遇险信号“Mayday”,一次；
- 遇险船舶的船名（ITU《无线电规则》规定一次，我国《水上无线电通信规则》推荐三次）；
- 遇险船舶的呼号或 MMSI 等其他识别信息，一次；
- This is（或者 DE），一次；
- 确认电台的台名（ITU《无线电规则》规定一次，我国《水上无线电通信规则》推荐三次）；
- 确认电台的呼号或 MMSI 等其他识别信息，一次；
- Received（语言出现障碍时可以使用“RRR”，读作“Romeo, Romeo, Romeo”）；
- 遇险信号“Mayday”。

当船舶对从其他船转发来的遇险报警进行无线电话确认时，也使用上述格式，但是遇险船舶的船名、呼号或 MMSI 等识别信息改为确认对象的识别信息。

【针对前面遇险呼叫的遇险确认实例】

Mayday.

M/V ×××, M/V ×××, M/V ×××.

×, ×, ×, ×.

This is Dalian Radio, Dalian Radio, Dalian Radio.

X-ray, Sierra, Zulu.

Received Mayday.

（4）无线电话遇险转发

遇险报警的转发通常在以下两种情况下进行：

①接收到遇险报警或遇险呼叫的船舶，在 5 min 之内没有收到任一海岸电台或船舶对该遇险报警或遇险呼叫的收妥确认。

②知悉遇险船舶无法进行遇险通信，非遇险船舶的船长或其他负责人认为有必要给予进一步帮助。

无线电话遇险转发的标识为“Mayday Relay”，其规范的呼叫格式如下：

- 遇险转发信号“Mayday Relay”，三次；
- “All Station”或海岸电台名称，三次；
- This is（或者 DE），一次；
- 转发台的台名，三次；
- 转发台呼号或者其他识别信息，一次；
- MMSI（如果已经使用 DSC 发送了初始报警，需要补充 MMSI）；
- Relaying from <遇险船的船名>；
- 遇险信号“Mayday”；
- 复述遇险电文。

【上海海岸电台对遇险报警的转发实例】

Mayday Relay, Mayday Relay, Mayday Relay.

All stations, All stations, All stations.

This is Shanghai Radio, Shanghai Radio, Shanghai Radio.

X-ray, Sierra, Golf.

Relaying from Chinese M/V ×××.

Mayday.

This is M/V ×××, I am in danger. My position is Latitude 37. 5 degrees North, Longitude 123. 5 degrees East. I am on fire at 1645 local time and have IMO-Class B chemical on board. I require fire-fighting assistance.

Master. Over.

4. 卫星通信系统遇险通信

(1)Inmarsat 电传遇险通信

目前,Inmarsat 提供电传业务的只有 Inmarsat-C 系统。Inmarsat-C 系统可以提供遇险报警和后续遇险通信。

①遇险报警

操作员可以按下 Inmarsat-C 船站的报警按钮,也可以在环境或时间不允许时,触发遥控报警按钮。此时,报警信息均为默认设置,即默认地面站和"性质不明"遇险性质。这种遇险报警仅含有非常有限的相关数据,包括:船站识别码(预先输入)、船位(人工输入或通过接口由船舶 GPS 自动输入)、遇险性质(缺省时为"性质不明")、航向(人工输入或通过接口自动输入)、航速(人工输入或通过接口自动输入)、遇险时间(人工输入或通过接口自动输入)。通过直接按压报警按钮启动报警通常属于这种方式,操作简单、快捷,适用于十分紧急的情况。

如果有充足的操作时间,操作员首先在终端上对报警信息进行简单的编辑设置,包括转接的地面站(缺省时为默认地面站)、遇险性质(人工输入或设置,缺省时为"性质不明")等,然后按下报警按钮启动报警。

若报警发出 5 min 后,RCC 或地面站没有应答,操作员应重发遇险报警。

Inmarsat-C 船站脱网,或没做启用试验,或设置 EGC only 状态,不影响发遇险报警。

②后续遇险通信

这种呼叫方式是发射一份详细的遇险优先等级电文。电文中可以详细说明遇险的细节及所需的援助。

在实际中,当遇险时,应先发射遇险报警,以便迅速向救助机构提供遇险概况,而后,随着搜救行动的开始,再发送遇险优先等级电文,向救助单元报告遇险详情,以便配合救助机构采取协调行动。

遇险电文发送程序如下:编辑并存储遇险电文;在电传终端上设置通信参数,包括设置通信级别为"遇险",并设置与报警时相同的地面站;然后启动发射。

(2)Inmarsat 电话遇险通信

Inmarsat 电话遇险报警是通过支持语音通信功能的设备实现的。可以通过 Inmarsat-F 或海事卫星电话 IsatPhone 2 实现遇险通信。Inmarsat-F 可通过地面站接通 RCC;海事卫星电话 IsatPhone 2 直接拨打 RCC 或国家专业救助力量的全时值班电话。

Inmarsat 电话遇险呼叫的格式,与地面通信系统无线电话的格式相同,不再赘述。

(3)Inmarsat 船队安全业务的遇险通信

Inmarsat 船队安全业务(Fleet Safety Service)是一个基于 Inmarsat-FBB 发展起来的基于 IP

技术的 GMDSS 通信系统,可实现遇险、紧急和安全通信功能。

船舶利用连接在 Fleet Broadband(FBB)和 Fleet One 设备上的海事安全终端(MST)及其终端的内部软件,对报警信息进行简单的编辑设置,包括转接的地面站(缺省时为"默认地面站")、遇险性质(缺省时为"性质不明")等,然后按下 MST 终端上的报警按钮启动报警。

Inmarsat 船队安全业务的遇险后续通信则是通过 MST 终端上的"Distress Chat"功能菜单,实现包括遇险船舶、海上搜救协调中心、周围载有 MST 的航行船舶之间的遇险通信功能。

(4)铱星系统的遇险通信

铱星系统已经成为 GMDSS 移动卫星业务的提供者,可提供遇险、紧急和安全通信业务。

通过铱星系统进行遇险通信是利用终端上的安全语音通信功能,通过将语音通信的优先等级设置为"遇险",然后经默认的地面站转接至海上搜救协调中心,实现遇险船舶和海上搜救协调中心的遇险通信功能。

(5)利用国际搜救卫星系统进行遇险报警

有关利用国际搜救卫星系统(COSPAS-SARSAT)进行遇险报警的方法将在第三节中详细介绍。

5. 对遇险报警的值守

在 GMDSS 中提供无线电值守任务的海岸电台,应该在各自的工作时间内、在特定的频率上保持连续的 DSC 值守,并且把值守计划通过国际电信联盟 ITU 出版的《海岸电台和特别业务电台表》,或英国水道测量局出版的《无线电信号表》向社会公布。海岸电台收到遇险报警后,首先将报警信息转发到 RCC,根据 RCC 的要求启动相应的岸到船遇险报警程序。报警信息可以通过卫星或地面通信系统转发给覆盖区域的所有船舶,或转发给指定的某些船舶或某一艘船。同理,担任遇险报警值守任务的海岸电台或地面站也应保持连续的守听,必要时根据 RCC 的要求启动相应的程序。

GMDSS 船舶在海上航行时应遵守以下连续值守要求:

(1)根据 SOLAS 公约第 7.1.2 条的要求,安装有 VHF 无线电设备的船舶,应在 VHF 70 频道上保持连续值守。

(2)根据 SOLAS 公约第 9.1.2 条或 10.1.3 条的要求,安装有 MF 无线电装置的船舶,应在 DSC 遇险和安全频率 2 187.5 kHz 上保持连续值守。

(3)根据 SOLAS 公约第 10.2.2 条或 11.1 条的要求,安装有 MF/HF 无线电装置的船舶,应在 DSC 遇险和安全频率 2 187.5 kHz 和 8 414.5 kHz 上,以及 4 207.5 kHz、6 312 kHz、12 577 kHz 或 16 804.5 kHz 中的至少一个频率上保持连续值守,第三个频率的选择应该根据一天中的时间和船舶所在的地理位置而定。可用扫描值守接收机的方式保持该值守。

(4)根据 SOLAS 公约第 10.1.1 条的要求,安装有经认可的移动卫星业务船舶地面站的船舶,应对卫星系统岸对船的遇险报警保持连续值守。

(5)每艘船在海上航行时,应该在覆盖该船航行区域的一个或多个海上安全信息播发频率上,对海上安全信息的播发保持无线电值守。

二、紧急通信

(一)紧急通信的定义

紧急通信意味着呼叫台有一份涉及移动单元或者人员安全的十分紧急的信息需要发送。

在紧急通信中包括多种业务形式，如医疗援助、医疗指导等。

（二）紧急通信频率

紧急通信频率详见表 3-2-1。

（三）紧急通信的实现方式

紧急通信包括医疗援助、医疗指导、海事援助等。当船上出现人员落水或船舶损害但还没有直接危及船舶安全时，如果需要援助也应采用紧急通信。紧急通信必须有船长授权方可发送。紧急通信中的紧急信号用语为“PAN PAN”，读作法语的“Panne Panne”。

紧急通信时通常首先发送紧急通告(Urgency Announcement)或紧急呼叫(Urgency Call)，然后发送相关的紧急电文(Urgency Message)。紧急通告的播发通常在一个或多个国际规定的遇险和安全频率上通过地面或卫星系统发送。利用地面通信系统发送时，推荐使用 DSC 终端发送紧急预告；而通过卫星系统进行紧急通信时，不需要单独发送紧急预告，可通过选择“紧急”优先等级的网络接入设置，获得进入经认可的移动卫星通信系统的优先权。当其他船舶在数字选择性呼叫设备上收到发送至所有电台的紧急预告或紧急呼叫时，不要对呼叫予以确认，只需将相关接收机调谐到呼叫中所指明的频率上进行接收即可，直到确认信息与本台无关为止。

1. 无线电传终端的紧急通信

利用地面系统无线电传终端完成紧急通信时，应该采用 FEC 方式。当确信采用 ARQ 方式对紧急通信有利时，后续的紧急电文通信也可以采用 ARQ 方式通信。所有 NBDP 紧急电文之前必须至少要冠以一个回车(CR)信号、一个换行(LF)信号、一个字母转换符号和紧急信号(PAN PAN)。格式如下：

- 回车、换行、字母转换符号；
- PAN PAN；
- DE；
- 发送紧急呼叫电台的名称/呼号，或者其他识别信息；
- MMSI(如果已经使用 DSC 发送了初始紧急预告)；
- 紧急电文正文。

利用卫星通信系统无线电传终端完成紧急通信的呼叫格式与地面通信系统相同。

2. 利用无线电话进行紧急通信

通过地面通信系统或卫星通信系统无线电话发送的紧急呼叫和紧急电文包括下述内容：

- 紧急信号“PAN PAN”，三次；
- All Stations(或被呼叫台名称)，三次；
- This is(语言出现障碍时可以使用 DE)，一次；
- 发生紧急电文的电台名称，三次；
- 呼号或其他识别信息；
- MMSI(如果已经使用 DSC 发送了初始紧急预告)；
- 紧急电文正文。

【无线电话紧急通信实例】

某船在 DSC 设备上发送紧急信号后在特定的遇险和安全频率上利用无线电话呼叫。

PAN PAN, PAN PAN, PAN PAN.

All Stations, All Stations, All Stations

This is M/V ×××, M/V ×××, M/V ×××.

My call sign is ×, ×, ×, ×, ×.

(MMSI is 412119412)

My ship is disabled. My position is Latitude 15 degrees 45 minutes North Longitude 118 degrees 30 minutes East. I require a tug to harbor urgently and wide berth is requested.

Master. Over.

三、安全通信

(一)安全通信的定义

安全通信表明呼叫台有一份涉及航行安全的电文需要发送,例如紧急的航行警告、气象警告等。例如,当某船舶发现危险冰况、危险船舶残骸或危及海上航行安全等危险情况时,船舶电台应该尽快联系附近的其他船舶,并尽快与附近海岸电台取得联系,并且通过海岸电台将上述信息发送给有关当局。

(二)安全通信频率

详见表 3-2-1。

(三)安全通信的实现方式

1. 无线电话和电传

安全通信表明呼叫台有一份涉及航行安全的电文需要发送。

如果使用地面通信系统进行安全通信,首先应该在一个或多个指定的遇险和安全频率上使用 DSC 终端进行安全通告(Safety Announcement),随后到无线电话或者 NBDP 设备的特定频率上发送安全呼叫及安全电文。安全信号为“SECURITE”,读作法语的“Say-Cure-Tay”。如果通过卫星系统进行安全通信时不需要单独的安全通告,可通过选择“安全”优先等级的网络接入设置,获得进入经认可的移动卫星通信系统的安全通信优先权。当其他船舶在数字选择性呼叫设备上收到发送至所有电台的安全通告时,不要对呼叫予以确认,只需将相关接收机调谐到呼叫中所指明的频率上进行接收即可,直到确认信息与本台无关为止。

利用无线电话、电传进行安全通信时,安全信息必须冠以安全信号和发射台的识别。根据安全通信信息的长度,安全通信既可以在遇险与安全工作频率上完成,也可以在收、发双方协商好的频率上完成。例如,海岸电台经常在固定的工作频率(490 kHz、518 kHz 等)上广播涉及航行安全的信息;船舶电台使用 VHF 13 频道实现操纵避让通信。总之,无论是船舶电台还是海岸电台进行安全通信,目的都是最大限度地保障船舶的航行安全。

(1)无线电传终端的安全通信

利用地面通信系统无线电传终端完成安全通信时,应该采用 FEC 方式。当确信采用 ARQ 方式对安全通信有利时,后续的安全电文通信也可以采用 ARQ 方式进行。所有 NBDP 紧急电文之前必须至少要冠以一个回车(CR)信号、一个换行(LF)信号、一个字母转换符号和安全信号(SECURITE)。格式如下:

- 回车、换行、字母转换符号;
- SECURITE;
- DE;
- 发送安全呼叫电台的名称/呼号,或者其他识别信息;
- 安全电文正文。

利用卫星通信系统无线电传终端完成安全通信的呼叫格式与地面通信系统相同。

(2)无线电话的安全通信

通过地面通信系统或卫星通信系统无线电话发送的安全呼叫和安全电文包括下述内容:

- 紧急信号"SECURITE",三次;
- All Stations(或被呼叫台名称),三次;
- This is(语言出现障碍时可以使用 DE),一次;
- 发送安全电文的电台名称,三次;
- 呼号或其他识别信息;
- MMSI(如果已经使用 DSC 发送了初始安全通告);
- 安全电文正文。

【无线电话安全通信实例】

某国内海岸电台在工作时间内,在自己的无线电话工作信道上进行下面的安全呼叫和安全电文发送:

SECURITE. SECURITE. SECURITE.

All stations, All stations, All stations.

This is Dalian Radio, Dalian Radio, Dalian Radio.

My call sign XSZ, X-ray, Sierra, Zulu.

Warning:

Yellow sea one fish board wreck in the vicinity of 37 degrees, 45 minutes North, 122 degrees 40 minutes East. Caution advised.

2. NAVTEX 播发的安全信息

NAVTEX 是"Navigational Telex"的组合词,是采用无线电传技术向船舶播发海上安全信息的国际协调系统,主要服务于沿海、近洋的船舶/海上设施。NAVTEX 业务划分为国际 NAVTEX 业务和国内 NAVTEX 业务。国际 NAVTEX 业务是指利用窄带直接印字电报技术,用英语在 518 kHz 频率上协调播发并由船舶自动接收的海上安全信息业务;国内 NAVTEX 业务是指利用窄带直接印字电报技术,用主管部门认可的语言在除 518 kHz 以外的频率上播发而由船舶自动接收的海上安全信息业务。国际电信联盟专门为 NAVTEX 业务划分了频率,即 490 kHz、518 kHz 和 4 209.5 kHz。我国 NAVTEX 播发台信息如表 3-2-2 所示。

表 3-2-2　我国 NAVTEX 发射台分布情况

发射台名称	发射台代码(B_1 代码)	频率	地理位置
香港	L	518 kHz	22°13′N, 114°15′E
三亚	M		18°14′N, 109°30′E
广州	N		23°05′N, 113°32′E
福州	O		26°02′N, 119°18′E
上海	Q		31°07′N, 121°33′E
大连	R		38°52′N, 121°31′E
盐寮港(台湾)	P		23°54′N, 121°36′E
林投(台湾)	P		23°33′N, 119°38′E
基隆(台湾)	P	4 209.5 kHz	25°08′N, 121°45′E
林园(台湾)	P		22°29′N, 120°25′E

所有 NAVTEX 电文都有特定的格式。NAVTEX 发射台按规定的格式传送报文,收方的接收机按标准的格式打印输出报文。图 3-2-1 所示是 NAVTEX 电文标准格式。

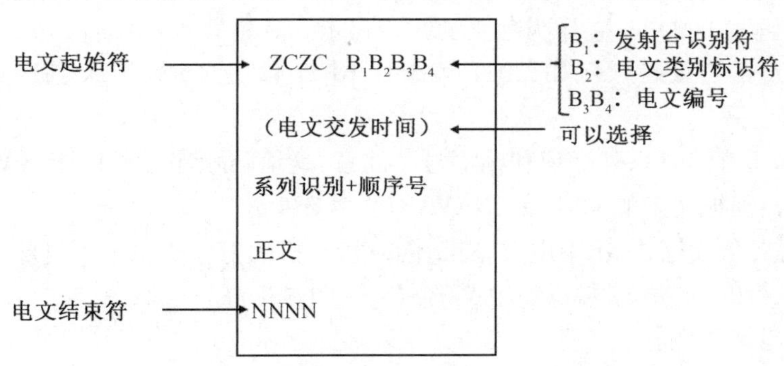

图 3-2-1　NVATEX 电文标准格式

在图 3-2-1 中,ZCZC 是电文起始符,表示定相周期结束;$B_1B_2B_3B_4$ 是电文的技术编码,用于 NAVTEX 接收机对电文的识别,其中 B_1 是发射台识别符,用 1 位英文字母表示;B_2 为电文类别标识符,用 1 位英文字母标识,如表 3-2-3 所示;B_3B_4 为每类电文的编号,用 01 到 99 的两位数字表示,当编号列到 99 时应重新开始编号,但要避免使用仍然有效信息的编号。当某类电文出现编号短缺时,发射台可将电文分配到其他相关类别,例如,当航警电文编号 B_3B_4 不够用时,使用 B_2=L 辅助接收 B_2=A、电文编号 B_3B_4 超过 99 时的电文。B_3B_4=00 用于特别重要的信息(如初始遇险信息),其他常规信息和业务信息不能分配 00 编号。当 NAVTEX 接收机收到 00 编号的电文时,必须打印,在任何情况下都不能拒收这种重要的安全信息。

表 3-2-3 NAVTEX 电文类别标识符(部分)

A:Navigational warnings 航行警告,不可拒收
B:Meteorological warnings 气象警告,不可拒收
C:Ice reports 冰况报告
D:Search and rescue information and pirate attack warnings 搜救信息和海盗袭击警告,不可拒收
E:Meteorological forecasts 气象预报
F:Pilot service messages 引航业务信息
G:AIS AIS 业务
H:LORAN messages 罗兰信息
I:Spare 备用
J:SATNAV messages 卫导信息
K:Other electronic NAVAID messages 其他无线电助航仪器信息
L:Navigational warnings—Additional to letter A 航行警告,对代码 A 的补充,用来表示编号 100 及其以后的航警电文。不可拒收

接着是交发电文的时间,它作为独立的一行显示。其格式为:日、时、分、月、年,用 UTC 表示,用以评估信息的有效性。例如,2021 年 5 月 18 日 12 点 16 分 UTC,显示为:181216 UTC May 2021。

正文前通常还有信息系列标识和顺序号。注意,这里的顺序号不同于 NAVTEX 电文编号 B_3B_4,它是用来鉴别报文来源的,例如,NAVAREA II 274。

NNNN 是电文结束符,表示本电文结束,同时接收机的打印机也不再打印。通过电文尾部一组占有独立一行的“NNNN”可以使电文的清晰度明显提高。

【NAVTEX 电文实例】

ZCZC HA02

251559 UTC DEC20

JAPAN NAVTEX N/W NR 2018/2020

SETO NAIKAI. SUO NADA. NW OF IWAI SHIMA. CAPSIZED FISHING BOAT:ADRIFT IN VICINITY OF 33-48.2 N 131-57.1 E, TOKYO DATUM, AT 251500Z DEC.

CANCEL 2015/2020.

NNNN

航警电文解释及大意:

“ZCZC”是电文起始符。电文是某 NAVAREA 区,台名代码为“H”的 NAVTEX 电台发送的“A”类(航警)信息,编号“02”。

电文交发时间为“2020 年 12 月 25 日世界协调时 15 点 59 分”。

系列识别为“JAPAN NAVTEX N/W (Navigational Warning)”,顺序号为 2020 年第 2018 号。

航警电文大意:在“SETO NAIKAI. SUO NADA. NW OF IWAI SHIMA”处,漂浮一艘倾覆的渔船,位置 33°48.2′N,131°57.1′E,大地坐标基准为东京,时间是 12 月 25 日,世界协调时

15 时 00 分。

取消 2020 年的 2015 航警。

“NNNN”为结束符。

四、常规通信

（一）常规通信的定义

常规通信是指船舶日常的通信工作，主要包括船到岸、岸到船、船到船、船与用户之间的水上无线电传、无线电话、数字选择性呼叫和海事卫星的通信。常规通信是对公众开放的，因此也叫公众船舶无线电通信，常规通信又分为国内公众船舶无线电通信和国际公众船舶无线电通信。海上设施的常规通信常通过甚高频无线电话实现。

（二）常规通信频率

无线电话常规呼叫频率分国内呼叫频率和国际呼叫频率，具体呼叫频率由各国通信主管部门规定，实际通信中可查阅《无线电信号表》。表 3-2-4 给出了船舶电台与海岸电台间可以使用的常规国际电话业务呼叫频率。

表 3-2-4 常规国际电话业务呼叫频率

频率波段	呼叫频率	
	船舶电台	海岸电台
中频	2 182 kHz	2 182 kHz
高频	4 125 kHz	4 417 kHz
	6 215 kHz	6 516 kHz
	8 255 kHz	8 779 kHz
	12 290 kHz (12 359 kHz)	13 137 kHz (12 359 kHz)
	16 420 kHz (16 537 kHz)	17 302 kHz (16 537 kHz)
	18 795 kHz	19 770 kHz
	22 060 kHz	22 756 kHz
	25 097 kHz	26 172 kHz
甚高频	156. 8 MHz	156. 8 MHz

1. 1 605～2 850 kHz 频段

1 605～2 850 kHz 频段是船舶中距离通信的主要频段，该频段上的通信距离在 100 n mile 左右。2 182 kHz 是无线电话遇险和安全频率，也用作非遇险情况下常规无线电话呼叫与回答、海岸电台播发通报表引语。

船舶电台在此频段可用 2 182 kHz 或海岸电台开放值守的工作频率与海岸电台沟通联系。如使用 2 182 kHz 呼叫，在呼叫前要注意在此频率上守听适当的时间，以确信没有遇险通信或其他电台呼叫正在进行。除遇险通信外，其他通信的发送应保持在最低限度。

2. 156~174 MHz 频段

船舶电台 VHF 无线电设备的发射功率为 25 W,低功率发射时的功率为 1 W。海岸电台 VHF 无线电设备的发射功率为 50 W。

水上近距离通信无线电话业务被安排在 156~174 MHz 频段,通信距离在 25 n mile 左右。在该频段共划分 57 个可用频道,信道号为 1~28、60~88,其中单工频道为 06、08~17、67~74 和 77 频道,其余为双工频道。船舶间无线电话通信要使用 VHF 单工频道。船岸间无线电话通信既可使用 VHF 单工频道,也可使用 VHF 双工频道。

在无线电话业务中,VHF 16 频道(156.8 MHz)是国际无线电话遇险与安全通信频道,也可作为常规无线电话呼叫与回答频道。海岸电台一般都在 VHF 16 频道上 24 h 值守。船舶可直接在 VHF 16 频道上呼叫,然后转到某一 VHF 工作频道上通信,在工作频道上,既可以直接进行通信,也可以转接到某一陆地电话用户上进行通信。在 VHF 16 频道上所有发射应保持在最低限度,且不得超过 1 min。此外,在进行非遇险类呼叫之前,呼叫电台应在 VHF 16 频道保持守听,当确知没有其他电台正在此频道上进行遇险通信及其他呼叫时,才可进行呼叫。

海岸电台有信息发布时,通常会在 VHF 16 频道上播发通报表引语,再转到另一个工作频道上发送相关信息。通常海岸电台既值守 VHF CH 16,也值守某些 VHF 工作频道,船舶可直接在该频道和海岸电台进行无线电话通信,详情可查《无线电信号表》第一卷海岸电台 VHF 业务。

3. 4 000~27 500 kHz 频段

此频段用于船舶电台和海岸电台之间的远距离通信,是 A4 海区船岸间唯一可用的通信频段。在此频段内海上无线电通信的工作频段是 4 MHz、6 MHz、8 MHz、12 MHz、16 MHz、18 MHz、22 MHz 和 25 MHz。在每个工作频段内具体划分了若干工作频道,详情可在《无线电信号表》第一卷的附录中查找。

实现有效无线电话通信的要素:①选择合适的海岸电台,尽量选择离通信目的地近的海岸电台;②确定最佳工作频率,确保联系的海岸电台在有效的通信范围内,所使用的工作频道在其业务时间内;③正确设置中高频设备,呼叫与应答,正式通信,通信结束后进行通信登记。

(三)常规通信的无线电话呼叫与应答格式

1. 国际无线电话呼叫格式

- 被呼叫电台的名称、呼号或其他识别,不超过三次;
- “THIS IS”;
- 呼叫电台的名称、呼号或其他识别,不超过三次。

例: SHANGHAI RADIO, SHANGHAI RADIO, SHANGHAI RADIO.

THIS IS M/V HAIYING, HAIYING, HAIYING, OVER.

若在 VHF 信道上通信情况良好,上述呼叫次数可适当减少。

2. 国际无线电话呼叫进行应答的格式

- 呼叫电台的台名或其他识别,不超过三次;
- “THIS IS”;
- 被呼叫电台的台名或其他识别,不超过三次。

例:M/V HAIYING, HAIYING, HAIYING. THIS IS SHANGHAI RADIO, HAVE YOU ANYTHING FOR ME? OVER.

若在 VHF 信道上通信情况良好,上述呼叫次数可适当减少。

通信联络沟通后,可以只发送一次电台的台名。若在 VHF 信道上通信情况良好时,呼叫次数可适当减少。

一个电台不能确定是否呼叫本台时,应等待该呼叫重复并听清后再回答。当一个电台收到对其的呼叫,但对于呼叫电台的识别不能确定时,该电台应立即回答并要求呼叫电台重复呼号、船名或其他识别。如"This is M/V HAIYING, Repeat your call. Over."或者"This is M/V HAIYING. Who is calling me? Over."。

在无线电话通信中,一段话结束后,用"OVER"表示"收到请回答",每说完一句话要用"OVER"结尾,以提醒对方回答。通信结束用"OUT"表示,不要说"OVER and OUT"。

五、海上设施常见通信设备操作

海上通信设备厂家和型号众多,操作步骤因厂家和型号不同而有所差别。本节选取常见的设备简要介绍操作步骤,详细操作参考设备操作手册。

(一)FM 8900S 型甚高频无线电话

FM 8900S 是日本古野(FURUNO)公司生产的 VHF 无线电通信设备,较早的产品型号为 FM 8500 和 FM 8800。甚高频无线电话包含一个收发信机模块和两副天线,收发信机如图 3-2-2 所示,包括 VHF 发射机、接收机和 70 频道值守机。

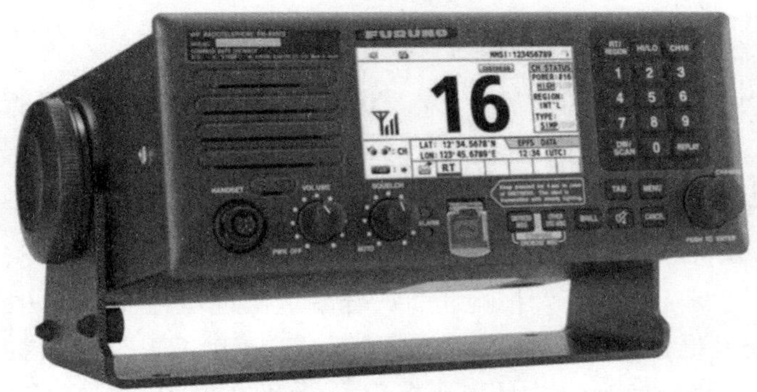

图 3-2-2 FM 8900S 型甚高频无线电话收发信机

1. 基本操作介绍

(1)开、关机及音量调节

打开直流电源开关,顺时针旋转主收发机上的[VOLUME/PWR OFF]旋钮,把扬声器调整到适当的音量并开机;逆时针旋转该旋钮至终点即可关机。

(2)静噪调节

音量调整好后,顺时针慢慢旋转[SQUELCH/AUTO]旋钮,直到噪声消失;通常,逆时针旋转该旋钮至终点,可设置在自动调节静噪状态。

(3)开启/静音扬声器

按[🔇]键,可关闭或者接通扬声器;关闭时,如果收到遇险呼叫或者紧急呼叫,可激活扬声器,发出报警声。

(4)亮度调节

按[BRILL]键调节屏幕亮度,共分 18 挡亮度,用 0~17 表示。

(5)日常测试

旋转[CHANNEL/PUSH TO ENTER],选择[MENU]屏幕上的[TEST],然后按下旋钮,则启动日常测试。测试完成后,声音警报响起,并在屏幕上显示测试结果。

(6)指示灯标识

指示灯闪烁红色,表示接收遇险报警或紧急信息。指示灯闪烁绿色,表示接收安全或常规消息,或者日常测试完成。

(7)双值守

先选择非 16 信道,然后按[DW/SCAN]键进行双信道值守。按[CH16]键或者再按[DW/SCAN]键停止双值守。

(8)发射功率选择

按[HI/LO]键可以选择发射功率,高功率为 25 W,屏幕显示“Hi”;低功率为 1 W,屏幕显示“Lo”。国际信道的 CH 15、CH 17、CH 75、CH 76 功率默认为 1 W。

(9)改变信道模式

按[RT/REGION]键可以改变信道模式,可以在 ITU 信道、USA 信道、CANADA 信道和私用信道之间转换。

2. 无线电话通信

使用数字键输入信道号,或者旋转[CHANNEL/PUSH TO ENTER]选择信道;然后选择输出功率,按下听筒上的 PTT 开关讲话,即可启动发射,松开 PTT 开关,停止发射。按照本节介绍的通信程序就可以实现遇险、紧急、安全、常规语音通信。

3. 发送遇险报警

按下[DISTRESS]键 4 s,声音警报响起 2 s,屏幕上出现消息“Sending DISTRESS ALERT”(发送遇险报警),遇险报警发送后,屏幕上出现“WAIT FOR ACK”(等待确认)。当所接收到遇险确认呼叫后,声音警报响起,并且屏幕上出现消息“DISTRESS ACK received! CANCEL: Stop alarm.”(接收到遇险确认!按[CANCEL]键停止报警。)

4. DSC 呼叫

按下[Other DSC MSG]键,屏幕出现“COMPOSE MESSAGE”(编写消息),可以发送非遇险级别的 DSC 呼叫。

(二)SAILOR HC4500 型单边带无线电话

SAILOR HC4500 型单边带无线电话是丹麦 SAILOR 公司生产的中高频通信设备,如图 3-2-3 所示。整套设备包括 SSB 收发机、内置的 DSC 终端、NBDP 终端、话筒、打印机、天线和自动天线调谐单元。该设备工作频率为 1.6~30 MHz。该设备完全符合 GMDSS 的技术要求,适用于 A2、A3 和 A4 海区的船舶/海上设施。

图 3-2-3　Sailor HC4500 型单边带无线电话

1. 控制面板及功能键介绍

Sailor HC4500 型单边带无线电话控制面板如图 3-2-4 所示,各部分功能介绍如下:

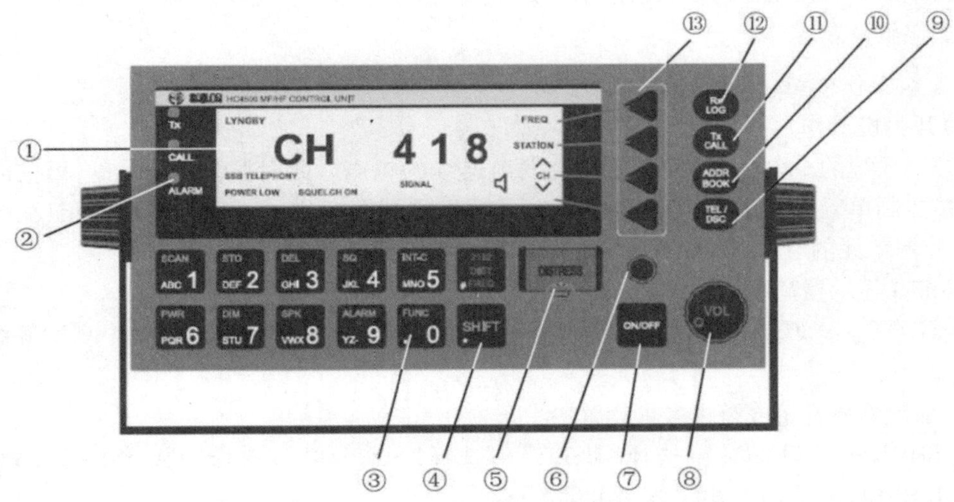

图 3-2-4　Sailor HC4500 型单边带无线电话控制面板

①液晶显示器。

②指示灯。Tx 为发射指示灯,灯亮表示正在发射信号;CALL 为接收指示灯,灯亮表示正在接收 DSC 呼叫;ALARM 为接收报警指示灯,灯亮表示正在接收 DSC 遇险报警。

③键盘。每个按键包含功能、数字、字母等。直接按各键,可输入字母或数字。若执行功能,需先按[SHIFT]键,再按所需按键,各功能键的功能如下:

[2182 DIST FREQ]:选择电话遇险通信频率。

[PWR]:选择发射功率等级(HIGH、MED、LOW 三个等级循环)。

[DIM]:液晶显示器背景亮度调节。

[SPK]:外接扬声器开关按键。

[ALARM]:电话报警紧急按键。

[FUNC]:初始参数设置(ID 码、船位、时间、亮度、音量、工作频率)。

[SQ]:开启或关闭静噪功能。

[STO]:进行电话值守信道的存储。

[SCAN]:执行电话信道的扫描。

[DEL]:进行电话值守信道的删除。

[INT-C]:国际信道模式。

④[SHIFT]键。按住此键可进行上档键操作。

⑤[DISTRESS]键。带保护盖的遇险报警按钮。

⑥接收机频率微调旋钮。

⑦[ON/OFF]键。电源开关。

⑧[VOL]键。音量调节旋钮。

⑨[TEL/DSC]键。SSB 电话和 DSC 模式转换。

⑩[ADDR BOOK]键。DSC 模式使用的地址簿。

⑪[Tx CALL]键。按此键,进入 DSC 呼叫序列的编辑。

⑫[Rx LOG]键。DSC 模式使用的接收记录。

⑬操作软键。

2. 基本操作介绍

(1)开关机操作

先开启系统的主电源开关,蜂鸣器会发出连续的响声。此时按[MENU]键,可关闭蜂鸣器。再按控制单元面板上的[ON/OFF]键,各数据终端同时供电。与开机顺序相反,先关闭 MF/HF 控制单元的电源,再关闭系统的主电源。

(2)液晶显示器亮度调节

按[SHIFT]→[FUNC]→选择"USER"→选择"DISPLAY",有"0~7"共 8 个亮度等级可供选择。

(3)话筒耳机音量或警报音量设置

按[SHIFT]→[FUNC]→选择"USER"→选择"SOUND"→选择"EARPIECELEVEL"或"ALARMLEVEL",有 16 个电平等级可供选择。

(4)存储电话信道

按[SHIFT]→[FUNC]→选择"TELEPHONY"→选择"CH"→选择"ADD"→输入 Rx 和 Tx 频率值→选择"ACCEPT"确认→输入 3 位数字的信道号完成存储。

(5)存储与岸台或船台通信所需信息

按[SHIFT]→[FUNC]→选择"STATION"→选择"ADD"→选择"SHORE"或"SHIP"→输入岸台或船台的识别码和台名→选择"DSCFREQ"或"STNCH"→输入所需的 DSC 工作频率或 SSB 工作频道,供通信时调用。

上述操作都是通过[SHIFT]和[FUNC]两个功能键实现的。类似的操作功能很多,这里不再一一列举。

3. 无线电话通信

(1)按下 MF/HF 控制单元面板上的[TEL/DSC]键,选择 SSB 电话通信模式。此时,液晶显示器显示发射频率、接收频率、发射功率等信息,如图 3-2-5 所示,当前显示的全部信息为上次使用时所设置的参数。

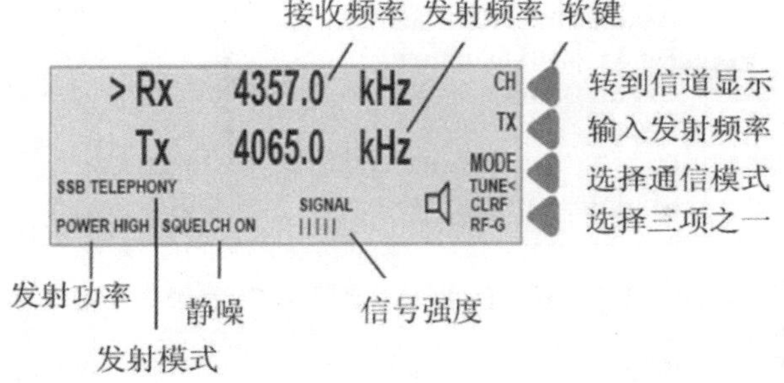

图 3-2-5　HC4500 型单边带无线电话液晶屏幕显示内容

(2)按"MODE"对应的软键选择"SSB TELEPHONY"。

(3)设置工作频率,有两种方法,分别是:

方法 1:在当前状态直接通过数字键输入接收频率的数值,按"ENTER"对应的软键确认;再按"Tx"对应的软键,输入发射频率的数值,按"ENTER"对应的软键确认。

方法 2:按"CH"对应的软键,进入信道显示窗口。再通过数字键输入信道号,按"ENTER"对应的软键确认完成。信道显示窗口如图 3-2-6 所示。

图 3-2-6　HC4500 型单边带无线电话液晶屏幕显示信道号

(4)根据通信距离,选择适当的发射功率。

(5)拿起话筒,按下[PTT]按键,开始呼叫。在通信过程中,根据接收情况适当调整接收机的音量、清晰度等。

(6)按照本节介绍的通信程序进行遇险、紧急、安全、常规语音通信。

4. DSC 遇险报警

DSC 遇险报警有两种不同的操作方式,可根据实际情况选用。一种称为直接报警,是在情势危急、时间紧迫时,操作员不做任何信息输入,直接启动遇险报警;另一种称为编辑报警,是在情况允许时,人工输入相关信息再进行报警。

(1)直接报警

掀起保护盖,按下[DISTRESS]键持续 3 s 后再松手,则 DSC 遇险信息在预设的遇险频率上被发射出去。

(2)编辑报警

按 SSB 控制单元面板上的[TX CALL]键→选择呼叫格式"DISTRESS"→通过"MORE"翻页选择"遇险性质";输入或确认遇险船位(在正常情况下,船位由 GPS 数据自动更新),选择"ACCEPT"确认;输入或确认遇险时间,选择"ACCEPT"确认;选择后续通信方式,一般首选电话通信,选择"SSB TELEPHONY";利用"∧"或"∨"翻页键选择所需的遇险报警频率,选择

“ACCEPT”确认，窗口显示如图 3-2-7 所示。

Press the DISTRESS button
For 3 seconds to transmit
TYPE：Distress
NAT：Fire
Pos： N：36°23 ′E：122°15′ Time：02:00UTC
COMM： SSB telephony CANCEL

图 3-2-7 HC4500 型单边带无线电话 DSC 报警信息

(3)发射遇险报警

掀起保护盖，按下[DISTRESS]键持续 3 s 后再松手，DSC 遇险信息在所选的遇险频率上被发射出去。

无论是直接报警还是编辑报警，DSC 遇险报警发出后，遇险频率值守机都正常执行扫描。当收到遇险确认信息后，设备会发出声光报警。收到遇险确认后，DSC 终端的报警程序终止，此时，船台应立即按报警电文的约定，与给予确认的电台建立后续遇险通信。

(三) IsatPhone 海事卫星电话

IsatPhone 海事卫星电话为 Inmarsat 生产的手持式卫星电话，如图 3-2-8 所示。该设备网络注册快(45 s 以内)，待机时间长，坚固耐用，可承受极端恶劣的自然环境，具有高质量语音、语音邮件、文本、电子邮件、跟踪和辅助提醒等功能。

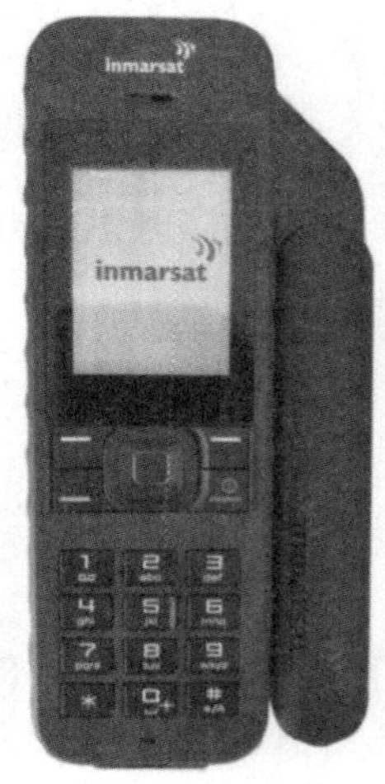

图 3-2-8 IsatPhone 海事卫星电话

1. 基本操作介绍

(1)电话开机和关机

如要开机，按住红色键数秒钟，直至屏幕亮起。inmarsat 徽标将首先显示，然后主屏幕显示。如要关机，按住红色键数秒钟。如果电话提示输入 PIN，则输入 PIN 代码。PIN 最初由服务经销商设置，用户可以重新设置 PIN。

(2)插入 SIM 卡

如果没有安装 SIM 卡，电话将提示插入 SIM 卡，未插入 SIM 卡之前，只提供有限的服务。

如果电池在位,将其向上拉出;将卡扣沿 SIM 卡卡座向下滑动,然后将其向外翻转;确保 SIM 卡的缺角位于左侧,然后将 SIM 卡滑入卡座;将卡座翻转回原位,并将卡扣向上滑动到原位;插入电池。

(3)设置电话语言和时区

首次开机时,电话将提示选择语言。用导航键和中央选择键从列表中选择语言。

选择语言后,电话将提示选择时区。电话自动接收来自 GPS 卫星的世界协调时(UTC)。选择时区后,电话的时钟将显示本地时间。如果进入另一个时区,则需要变更此设置。

(4)查看有关电话的重要信息

有关电话的重要信息显示在菜单>设置>关于。此类信息包括机型、固件版本、IMEI 号码和 IMSI 号码。

2. 连接卫星

IsatPhone 通过与赤道上方轨道内的 Inmarsat 卫星通信来实现拨叫和接听电话。开启电话,站在空旷无遮挡的室外,将电话天线向上竖起。电话的天线与 Inmarsat 卫星之间必须没有阻挡才能拨打和接听电话。用户看到的天空越大,来自 Inmarsat 卫星的信号就越强。信号条指示信号的强度至少 2 格才能拨打和接听电话。

3. 拨打电话

(1)按住红色键数秒钟开机。

(2)站在空旷无遮挡的室外,将电话天线向上竖起。

(3)检查电话是否已连接卫星网络,若已经连接,inmarsat 字样会显示在屏幕左上角。

(4)确保至少有 2 格信号强度。

(5)确保具有充足的电池电量。

(6)确保电话具有 GPS 定位,如果需要 GPS 定位,则显示图标。

(7)拨打完整国际号码,然后按绿色(或黄绿色)键,例如:+44 1621 123456 。

(8)如要结束通话,按红色键。

(9)如要关闭电话,按住红色键直至屏幕关闭。

通过下列方法输入完整的国际号码:拨+(按住 0 键 3 s)或拨 00,然后拨国家/地区号、区号(不拨区号前的 0)、电话号码,然后按绿色键,例如:00 44 1621 123456 或 +44 1621 123456 。屏幕上将显示正在呼叫信息和被叫方的名称(如果被叫方名称罗列在电话簿或 SIM 卡联系人内)。当呼叫得到应答后,屏幕将显示通话时间(以分和秒为单位)。如要结束通话,请按红色键。

4. 呼入电话提示

使用呼入电话提示之前,每次打开手机电源时,手机必须能够成功注册到网络。待机时,LED 指示灯变为琥珀色,在信号强度可用的情况下,设备自动提醒是否存在呼入电话或信息。

如果接收信号强度太弱,则状态 LED 指示灯变为红色,屏幕将出现提示将天线指向卫星。当天线转移到能够清晰看见卫星的空旷位置,两个状态 LED 指示灯将变为琥珀色。

当接收到呼入电话提示时,操作员必须采取行动,以便能够与网络完全连接。也就是说,如果天线已收起,则必须部署天线,并转移到能够清晰看见卫星的空旷位置。当接收到呼入电话提示时,状态 LED 指示灯将闪烁为琥珀色且会响起提示声音。屏幕将显示呼入电话和响应剩余时间 15 s。该时间将倒计时一直持续到成功连接网络。在此期间,可以通过按红色键来拒绝呼入电话。

如果拒绝呼入电话提示或在 15 s 内未能成功连接到网络,则终止提示。屏幕随后会通知存在未接提示。

5. 接听电话

如要接听电话,电话的天线必须展开,且电话必须已连接到卫星。按绿色键接听电话或按红色键拒绝电话。如果来电方名称存储在电话簿或 SIM 卡联系人内,将会看到来电方的号码和名称。如果不想让电话播放铃音,可将情景模式设置为无声或仅振动。

6. 拒绝电话

按红色键,呼叫被中断,主叫者的详细信息会存储在未接来电中以备以后检索。

7. 回拨电话

电话自动保存已接听或未接听的最近 20 个电话号码。如要回拨电话,请选择菜单>呼叫记录;选择需要的文件夹,例如未接来电或已接来电,然后突出显示联系人,并按绿色键。

(四)NCR-300A 型 NAVTEX 接收机

NCR-300A 型 NAVTEX 接收机由日本 JRC 公司生产,如图 3-2-9 所示。NCR-300A 型 NAVTEX 接收机具有三种操作模式和一个设置状态,即正常模式(Normal Mode)、记录模式(Logging Mode)、海岸电台模式(Coast Station Mode)和初始状态(Initialized)。用户可根据业务需要进行设置。

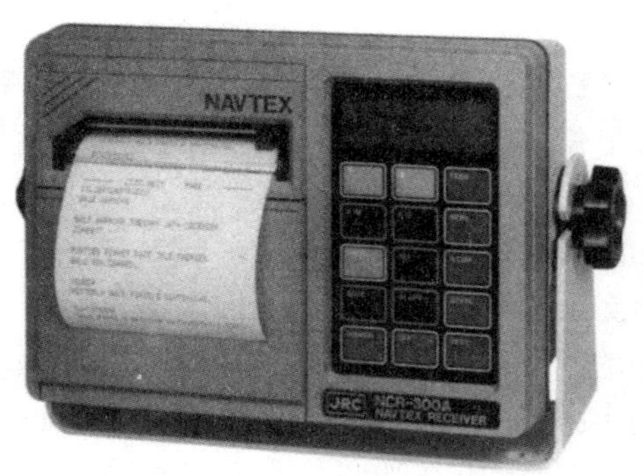

图 3-2-9 NCR-300A 型 NAVTEX 接收机

1. 控制面板及功能键

[POWER]:电源键,此键还作为设置初始状态和岸台模式的复合键。

[OFF]:关机键,按住此键,再按[POWER],关闭本机电源。

[TEST]:自检测键,按一下此键,接收机执行自检程序。

[FEED]:按此键一次,打印纸被从打印头槽口处向外送出一行;按住此键,打印纸将被连续送出。

[MONI]:用于判断接收机天线状态的开关键。按下此键,扬声器会发出噪声声响,根据声音强弱,来判断天线状态。重复按此键将关闭扬声器。

[AL-OFF]:单独按此键,用于终止接收机收到报警信息后的显示与声音报警;按住

[PROG],再按[AL-OFF],则实现关闭接收机对收到A、B、L类信息的报警功能。此键还作为取消海岸电台模式设置的复合键。

[STATE]:按此键,打印机打印出接收机的设置状态和内存状态。

[PROG]:按住此键,再按[A/M],用于选择发射台和电文类型两种状态之间的转换;按住[PROG],再按[E/D],用于确定被选择的发射台或电文类型是接收还是拒收状态;按住[PROG],再按[ALL],将使被选择不接收的发射台和电文类型恢复到接收状态;按住[PROG],再按[AL-OFF],将关闭接收机对接收到的A、B、L类信息的报警功能。

[ALL]:按住此键,显示屏上将显示接收机最后收到的电报的信息识别码;按住[ALL]键再按[▼]或[▲],显示屏将依次显示所有已经接收到的并存储的识别码;按住[ALL],再按[E/D],将把显示屏上正显示的信息识别码删除;按住[PROG],再按[ALL],将取消对发射台和电文类型的设置。

[ILLUM]:用来设置接收机显示屏和控制键背景的亮度,共分亮、中、暗(关闭)三个步进。

[A/M]:按住[PROG],再按[A/M],显示屏将显示"AREA"或"MESSAGE",以供设置时确定是发射台还是电文类型。此键还作为设置海岸电台模式的复合键。

[E/D]:在按住[PROG]的情况下再按此键,将要选择的发射台或电文类型设置在"ENABLED"(接收)或"DISABLED"(拒收)状态;按住[ALL],再按[E/D],将显示屏上正显示的已存储的信息识别码删除。此键还作为取消海岸电台模式设置的复合键。

[▲]和[▼]:顺序或者反顺序查找台的识别或者信息识别。此键还作为接收机初始状态设置的复合键。

2. 接收MSI

(1)根据航行区域查找所在区域的NAVTEX播发台

首先从中版或英版《无线电信号表》中查找NAVTEX播发台。

(2)在NAVTEX接收机上选择NAVTEX播发台

同时按[PROG]和[A/M],液晶显示屏上显示"AREA"字样时,然后按[▲]或者[▼]键,当液晶显示屏显示查找到的NAVTEX播发台字母出现时,同时按[PROG]和[E/D],让液晶显示屏上显示出"ENABLED"字样,则选择了该台。当不需要的发射台的识别字母出现时,同时按住[PROG]和[E/D]键,让液晶显示屏上显示"DISABLED"字样,则拒收此台的信息。

(3)在NAVTEX接收机上选择MSI信息种类

选择NAVTEX播发台后,再同时按[PROG]和[A/M]键,液晶显示屏上显示"MESSAGE"字样时,即可设置信息种类。按[▲]或者[▼]键找到所需要的信息种类,再同时按[PROG]和[E/D]键,使液晶显示屏上显示"ENABLED"字样,表示可接收该类信息。不需要接收的信息种类,设置为"DISABLED"。

信息种类A、B、D、L属强制接收,不能拒收。将发射台和信息种类选择好以后,机器将自动接收和打印电文。

3. 自检测

按[TEST]键,将开始自检程序。设备将自动检测518 kHz接收机、CPU和打印机,并显示和打印出一段测试电文。当测试结束时,电文中会提醒按[AL-OFF]键,否则,机器会一直进行自检。当检测出故障时,显示并打印出故障的部位代码,以方便维修。

（五）FA-150 型 AIS 设备

AIS 设备工作在 VHF 频道 87B 和 88B，实现本船和其他船舶或岸基设备之间交换导航和船舶数据信息，设备会在启动的 2 min 内发射本船静态数据，并每隔 6 min 发射一次。静态数据包括 MMSI 号码、IMO 号码、呼号、船舶名称、船舶长度和宽度、船舶类型和 GPS 天线位置。除了静态数据，也会发射船舶的动态数据。此数据包括精确位置、SOG、COG、转向率、船首方向等。动态数据根据船舶速度和航向调整为每 2 s 到 3 min 发射一次。航行相关数据，如船舶吃水、危险货物、目的地和预计到达时间，每隔 6 min 发射一次。

FA-150 型 AIS 设备为日本古野公司生产的船载自动识别系统设备，如图 3-2-10 所示。FA-150 型 AIS 设备由 VHF 和 GPS 天线、发射器/接收器单元、监控器单元及若干相关单元构成。

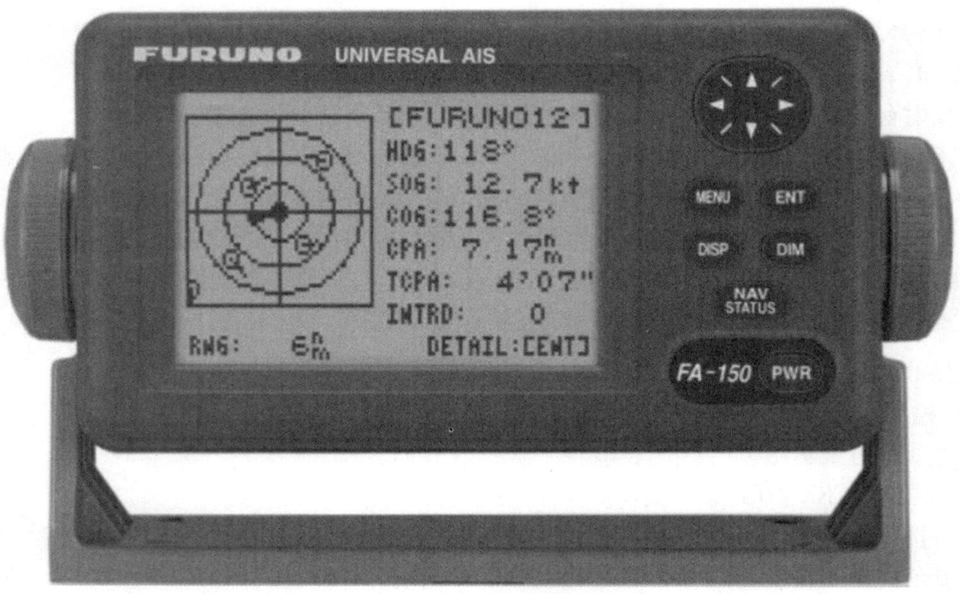

图 3-2-10　FA-150 型 AIS 设备

1. 操控面板介绍

FA-150 型 AIS 设备操控面板如图 3-2-11 所示。

①LCD 屏幕：显示各种数据。

②CursorPad：移动光标，选择菜单项目和选项，输入字母、数字数据。

③[MENU]键：打开菜单。

④[ENT]键：中止键盘输入；更改屏幕。

⑤[DISP]键：选择显示屏幕；关闭菜单。

⑥[DIM]键：调整面板调光器和 LCD 对比度。

⑦[NAV STATUS]键：显示导航状态菜单，设置航程。

⑧[PWR]键：开启和关闭电源。

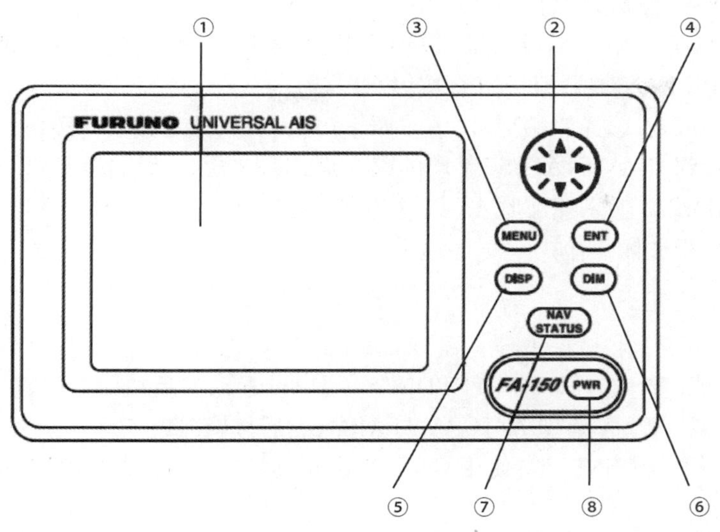

图 3-2-11 FA-150 型 AIS 设备操控面板

2. 打开和关闭电源

按[PWR]键开启或关闭设备。通电时,设备会发出几秒钟"嘟嘟"声,然后启动屏幕,显示程序版本号、设备测试结果。测试完成后,出现标绘仪显示屏,显示消息"NO OWN SHIP POSITION AVAILABLE"(无可用的本船位置)和"NOW INITIALIZING"(正在初始化)。这些消息表示位置数据还没有到达,待上述两条消息消失后,就可以使用设备了。如果出现消息"ENTER MMSI!"(输入 MMSI),表示船舶的 MMSI 没有注册到设备中,请输入 MMSI。

3. 航行设置

"NAV STATUS"菜单上有 7 个项目,需要在航行前输入:导航状态、目的地、到达日期、到达时间、船员数量、船舶类型和吃水。

(1)按[NAV STATUS]键打开"NAV STATUS"菜单。

(2)如果船舶状态与设备所显示的内容不同,请按[ENT]键,再按[▲]或[▼]选择合适状态,然后按[ENT]键。如果与所显示的内容相同,请转至(3)。

(3)按[▶]显示"NAV STATUS"菜单的第 2 页。

(4)选择 NEW(新建)后,按[ENT]键。

(5)按[ENT]键。使用 CursorPad 输入目的地,然后按[ENT]键。最多可使用 20 个字母和数字字符,并且可输入 20 个目的地。按[▲]以空格、字母表、数字和符号的顺序显示字母和数字字符。

(6)按[▶]显示"NAV STATUS"菜单的第 3 页。

(7)选择 DATE(日期)后,按[ENT]键。

(8)使用 CursorPad 输入到达日期,然后按[ENT]键。

(9)选择 TIME(时间)后,按[ENT]键。

(10)使用 CursorPad 输入预计到达时间,然后按[ENT]键。请使用 24 h 制。

(11)按[▶]显示"NAV STATUS"菜单的第 4 页。

(12)选择 CREW(船员)后,按[ENT]键。

(13)使用 CursorPad 输入船员数量(设置范围:0~8 191),然后按[ENT]键。

(14)选择 TYPE No.(类型编号)后,按[ENT]键。

(15)使用 CursorPad 选择船舶型号,请参照下一页表格,然后按[ENT]键。

(16)按[▶]转到"NAV STATUS"菜单的第 5 页,输入吃水,然后按[ENT]键。

(17)使用 CursorPad 输入船舶吃水(设置范围:0~25.5 m),然后按[ENT]键。

(18)按[DISP]键关闭菜单。

4. CPA/TCPA 设置

(1)按[MENU]键打开主菜单。

(2)使用[▲]或[▼]选择 USER SETTINGS(用户设置),然后按[ENT]键。

(3)使用[▲]或[▼]选择 CPA/TCPA ALARM,然后按[ENT]键。

(4)选择 CPA 后,按[ENT]键;使用 CursorPad 输入 CPA(设置范围:0~6.00 n mile),然后按[ENT]键。

(5)选择 TCPA 后,按[ENT]键;使用 CursorPad 输入 TCPA(设置范围:0~60 min),然后按[ENT]键。

(6)选择 ALARM MODE(报警模式)后,按[ENT]键。

(7)选择"ON"(开启)启用 CPA/TCPA 报警功能;选择"OFF"(关闭)禁用。按[ENT]键。

(8)选择 ALARM BUZZER(报警蜂鸣器)后,按[ENT]键。

(9)选择"ON"(打开)启用 CPA/TCPA 声音报警;选择"OFF"(关闭)禁用。按[ENT]键。

(10)按[DISP]键关闭菜单。

5. 选择显示内容

使用[DISP]键选择显示屏显示的内容。每次按键时,显示屏会按以下顺序显示内容:标绘仪、目标列表、危险(目标)列表、本船静态数据、本船动态数据、警报状态。

(1)标绘仪

显示屏会在接通电源时自动出现标绘仪,显示当前距离内装配有 AIS 的船舶距离和航向。同时显示本船的位置和航向。

(2)目标列表

显示屏显示标绘仪时,按[DISP]键显示"TARGET LIST"(目标列表),列出所有探测到的 AIS 目标。使用[▲]或[▼]选择想要查看其数据的目标,然后按[ENT]键。使用[▲]或[▼]滚动显示屏,查看其他数据。

(3)危险(目标)列表

当存在低于 CPA 和 TCPA 报警设置的危险船舶时,可以轻松找到这些船舶,并以列表形式显示。

在显示屏显示标绘仪时,按[DISP]键显示"目标列表";按[▶]显示"危险列表";要找到危险目标的详细信息,用[▲]或[▼]选择目标,然后按[ENT]键;使用 CursorPad 更改页面。

(4)本船静态数据

显示屏显示的本船静态数据包括 MMSI、呼号和船舶名称、IMO 号码、船舶型号和定位天线位置。此数据应每个航程检测一次,或每个月检测一次(取较短者)。只有得到船长的许可才可以更改数据。

在显示屏显示标绘仪时，连续按两次[DISP]键显示“OWN STATIC DATA”；使用 CursorPad 查看本船其他静态数据；按[▼]或[▶]前进，按[▲]或[▶]后退。

(5)本船动态数据

显示屏显示本船的动态数据，包括时间、日期、船只位置、对地航向(COG)、对地速度(SOG)、转向率(ROT)和船首向。在显示屏显示标绘仪时，连续按三次[DISP]键显示“OWN STATIC DATA”显示屏。

(6)警报状态

显示屏显示触发警报的日期和时间。

思考题

1. 何谓遇险报警？遇险报警的方式有哪几种？
2. 如何进行 DSC 遇险报警、DSC 遇险报警的确认和转发？
3. 如何进行无线电话的遇险报警、无线电话遇险报警的确认和转发？
4. 通过卫星通信系统进行遇险报警有哪几种方式？请阐述 Inmarsat 电话遇险呼叫的格式。
5. 何谓紧急通信？紧急通信有哪几种方式？
6. 如何利用地面系统无线电传终端进行紧急通信？
7. 如何利用无线电话进行紧急通信？
8. 何谓安全通信？如何利用地面系统无线电传终端和无线电话进行安全信息的发送？
9. NAVTEX 电文包括哪几部分内容？分别代表何种含义？
10. 如何利用海事卫星电话拨打电话？

第三节 海上遇险报警与搜救

一、海上搜救通信协调机制

GMDSS 搜救通信网由地面通信网和卫星通信网构成。为了充分发挥地面通信和卫星通信相互配合的优势，在 GMDSS 中各搜救协调中心之间建立了有效的通信网络。该通信网络符合《1979 年国际海上搜寻救助公约》的要求，并由 IMO 统一规划各 RCC 之间的通信线路。另外，每个 RCC 同与其关联的海岸电台、Inmarsat 地面站、COSPAS-SARSAT 系统的任务控制中心(MCC)之间还应保持迅速、高效的通信线路。各 RCC 之间的通信线路通常使用公众交换网或专用线路，要求系统的通信网络和相关的搜救程序要足够灵活，以便能够在搜救责任区内进行各种搜救协调工作，适应各搜救区及其搜救设施配备不同的情况，甚至能够适应某些特定区域不能提供任何设施和无人承担搜救职能的情况。

如果船舶利用地面系统进行报警，通常由距离事故地点最近的海岸电台对遇险报警给予收妥确认。如果该最近的岸台因故没有应答，则收到报警的其他岸台应予以收妥确认。给予报警收妥确认的岸台在将其责任移交之前必须与遇险船进行沟通并保持有效的通信，同时，岸台会把报警信息转发给与其相关联的 RCC。如果船舶利用经认可的移动卫星通信系统进行报警，则需选择报警地面站，该地面站收到报警后会直接把报警信号转给与其相关联的 RCC；如果使用卫星 EPIRB 进行报警，则报警信号经卫星转发至本地用户终端（LUT），再通过 MCC 的处理和协调，最终转发给 RCC。

一个报警信号可能被多个岸台或地面站收到，但只有与第一个进行收妥确认的岸台相关联的 RCC，或与遇险者所选择的报警地面站相关联的 RCC 才能组织搜救协调工作。若事故发生地不在 RCC 救助责任区内或 RCC 地理位置不利于搜救，则除非有另外一个其地理位置有利于救助的 RCC 来承担责任，否则第一个 RCC 应承担起后续全部的搜救协调工作。若有多个岸台给予了收妥确认而无法确定哪个 RCC 为第一个 RCC，则相关的 RCC 之间必须尽快地商定出由哪个 RCC 承担起搜救协调工作，以便对事故做出最迅速的响应。图 3-3-1 所示是 RCC 收到遇险报警后的搜救通信操作流程。

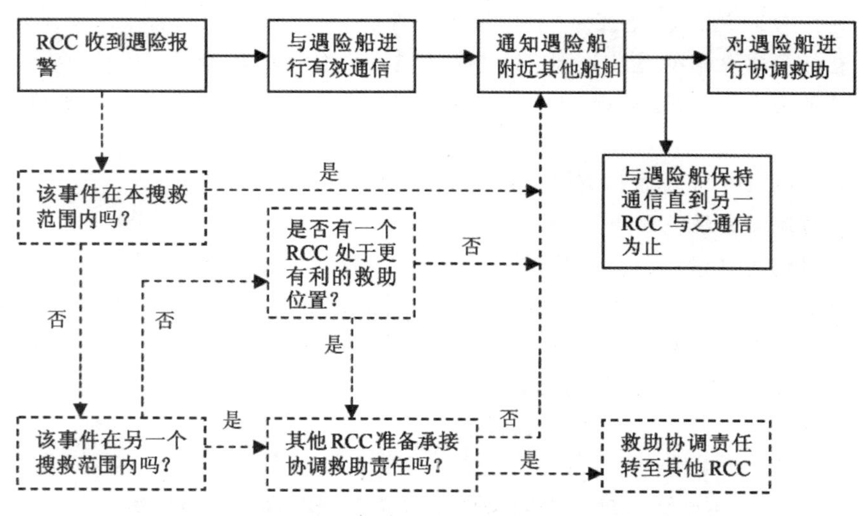

图 3-3-1　海上搜救通信流程

有关地面通信系统、Inmarsat 通信系统和铱星系统的遇险报警已经在本章第二节阐述，本节中主要阐述 COSPAS-SARSAT 系统中的遇险报警。

二、COSPAS-SARSAT 系统的遇险报警

（一）COSPAS-SARSAT 系统概述

国际搜救卫星系统（COSPAS-SARSAT）是全球公益性卫星遇险报警系统，由国际搜救卫星组织负责管理，于 1985 年开始运行。COSPAS 是 Cosmicheskaya Sistyema Poiska Avariynich Sudov 的缩写，意为搜寻遇难船舶的空间系统（Space System for Search of Vessels in Distress），由苏联开发。SARSAT 是卫星辅助跟踪搜救（Search and Rescue Satellite-Aided Tracking）的英文缩写，由美国、加拿大和法国等国开发。COSPAS 系统和 SARSAT 系统两者相互结合，构成国际搜救卫星系统，即 COSPAS-SARSAT。1988 年，IMO 将其引入 GMDSS。COSPAS-SARSAT 成为 GMDSS 的重要组成部分，目前有 45 个国家、地区和组织参与系统的运行和管理。

COSPAS-SARSAT 系统由包括静止卫星、中高度地球轨道卫星和低高度地球轨道卫星等在内的搜救卫星，以及包括紧急示位发射机（Emergency Locator Transmitter，ELT）、个人示位标（Personal Locator Beacon，PLB）、紧急无线电示位标（Emergency Position-Indicating Radio Beacon，EPIRB）等各种示位标在内的终端设备，以及由本地用户终端（Local User Terminal，LUT）、任务控制中心（MCC）构成的地面段等三大部分构成，具体如图 3-3-2 所示。由图中可以看出，遇险示位标发出的信号经搜救卫星中继到地面段，通过地面段的本地用户终端、任务控制中心送至相应的搜救协调中心，由搜救协调中心开展和组织救助工作。

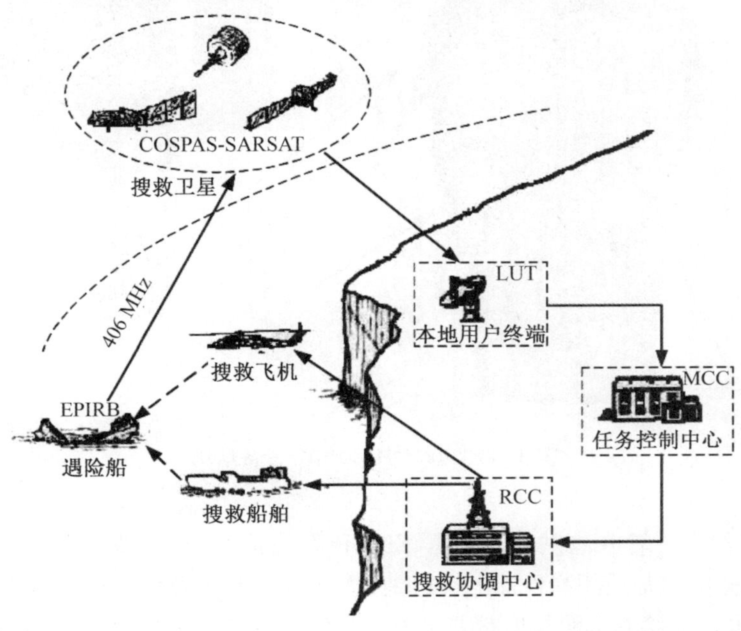

图 3-3-2 COSPAS-SARSAT 系统示意图

（二）406 MHz EPIRB 设备

在 GMDSS 搜救通信中，紧急无线电示位标是一种启动后能够自动发射无线电信号的示位标，其利用自身发射的信号来表示自己的位置及状态，以便搜救单位准确地确定其位置，它是全球海上遇险和安全系统中重要的船对岸报警装置。Inmarsat 系统中的 L 波段 EPIRB 和甚高频 VHF 的 70 频道的 VHF EPIRB 已经逐渐被淘汰，目前船舶和设施上所使用的 EPIRB 主要为 406 MHz EPIRB。

1. 406 MHz EPIRB 的设备结构

406 MHz EPIRB 的设备结构如图 3-3-3 所示。上半部为主控单元、信号收发单元及天线，下半部为电源及控制开关（控制开关主要分海水开关、磁性开关和水银开关三种）。两个部分之间用密封圈套住，在外壳的两部分之间有一层密封垫圈，以保持良好的水密性。此外，为保证遇险时能自动或手动脱离船体，EPIRB 还装备有释放机构。EPRIB 的结构外壳具有足够的强度，以便在遇险时可以将其直接抛入水中。为了醒目，外壳通常涂成橙红色或亮黄色，顶部有闪光灯，通常还带有反光带。白天外壳反射较强的日光，使搜救者容易被发现；夜间闪光灯闪烁，使其在很大范围的海面上可见。闪光灯电源由光敏开关控制，白天能自动关闭。另外，示位标上还附有一根绳索,通常用于弃船后将其绑到救生艇筏上(注意,绳索不能捆绑在船体上)。

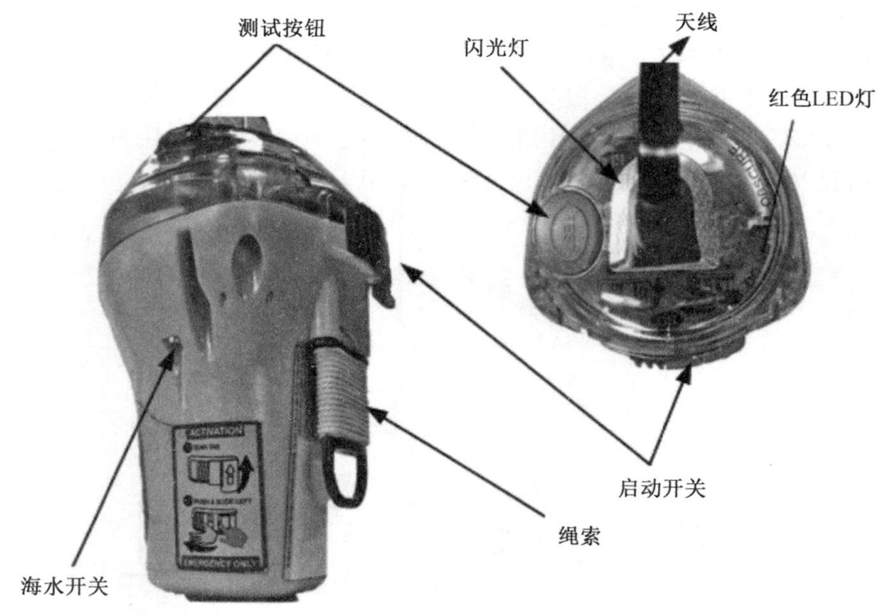

图 3-3-3　406 MHz EPIRB 设备结构

(1)电源

EPIRB 的工作主要靠电池供电。根据 EPIRB 的规范要求,示位标被启动后至少应工作 48 h,因此,示位标中通常使用高性能的锂电池,内含控制开关及保险丝。当 EPIRB 被投入水中时,控制开关可自动接通电源。通常要求电池每年检查维护一次,每 4 年更换一次。

(2)主控单元

主控单元包括微控制器和传感器两部分。其中,微控制器是 EPIRB 的控制中心,负责所有信息的处理以及控制命令的发出。在微控制器内部的寄存器中,可以完成来自外部导航设备船位信息的存储和更新,也可以写入船舶的识别码、协议标志和注册信息等编码信息。传感器主要是指压力传感器,实时测量环境参数,并传递给微控制器,由微控制器根据环境参数做出相应的判断,以实现报警信息的自动发射。

(3)信号收发单元

信号收发单元包括 406 MHz 的信号发射机、频率合成单元、功率控制单元以及天线单元等。其中,频率合成单元为发射单元提供高稳定度的频率,以产生发射信号的载波频率;发射单元主要完成对基带信号的编码调制,并在调制后进行带通滤波,以除去杂波干扰;功率控制单元对发射功率进行控制,使其满足示位标要求的发射功率。当发生紧急情况时,示位标通过自动或人工启动,存储在寄存器中的船位、船舶识别码和注册信息等,经过编码后由发射天线发射出去。EPIRB 的天线通常为外置或内置的全向天线。

(4)释放机构

释放机构是用来保证遇险时示位标能自动或手动脱离船体的部件。通常 EPIRB 的释放机构有两种:不带静水压力释放器的壁挂式固定支架和带有静水压力释放器的自浮式释放架

(或存放盒)。

此外,示位标通常还带有防止意外操作的防护装置(如挡板、密封条等),用来防止误报警。

2. 406 MHz EPIRB 的启动方式

406 MHz EPIRB 的启动方式分为三种:自动启动、手动启动和遥控启动。

如果示位标的存放盒或安装支架是自浮式的,则该示位标可以自动启动。当船舶遇险,船体下沉到一定深度后(一般为 1.5~4 m),压力传感器测得海水静压力,静水压力释放器自动启动,示位标脱离支架或存放盒,浮出水面,开始发射报警信号,所以自动启动式示位标需要安装在没有遮挡的暴露场所。当然,自动启动式示位标通常也可以手动启动。

手动启动是指人为地将示位标从人工释放支架或自浮式支架(存放盒)中取出,手动启动示位标的遇险报警功能,使示位标开始发射遇险信号的启动方式。

三、海上搜救

(一)搜救寻位设备(SART)及其应用

如前所述,在 GMDSS 系统中,遇险船舶可以利用多种手段进行遇险报警,并向有关部门告知遇险船舶或者幸存者的位置。但由于受到海流、风向以及其他因素的影响,遇险船舶或者幸存者的位置可能会发生很大的变化。因此,若遇到恶劣海况、浓雾或者黑夜等恶劣情况,现场搜救遇险船或者幸存者的工作难度将变大。

搜救寻位设备是一种让搜救船舶或者搜救飞机在搜救现场近距离发现和准确锁定幸存者位置的重要设备,它与救援船舶或者飞机上的雷达配合,在一定范围内,准确锁定幸存者的位置,特别适用于夜晚或者恶劣海况下的搜救作业。搜救寻位设备可分为两种,一种是雷达搜救应答器(Radar-SART),另一种是自动识别系统搜救发射器(AIS-SART)。

1. Radar-SART

(1)Radar-SART 简介

船用 Radar-SART,是 GMDSS 系统必配设备。其工作频率为 9.2~9.5 GHz(X 波段),有效天线高度为 1 m 以上。Radar-SART 在开机时与搜救船舶或者飞机上 X 波段雷达配合使用。当被任一 X 波段(9 GHz)雷达的脉冲触发时,Radar-SART 很快发出一响应信号,在对方雷达荧光屏上形成可连成直线的 12 个光点信号。Radar-SART 已成为在遇险现场对遇险船舶、救生艇筏及幸存者进行寻位的主要手段,属于 GMDSS 寻位系统。

Radar-SART 一方面可以在搜救船舶或飞机的雷达照射时发出特定的示位信号,以使搜救者能在复杂的海况下及时发现遇险幸存者,确定遇险事件的准确位置,大大地提高救助的成功率;另一方面其发出的信号声响可以向幸存者表明搜救援助单元已驶近其遇险位置,可增加幸存者的信心。图 3-3-4 为 Radar-SART 搜救应用示意图。

当 Radar-SART 通过其接收天线接收到正在进行搜索与救援工作的船舶与飞机上 9 GHz 波段雷达发出的扫描信号后,应答器 SART 通过反射天线发出应答信号。该应答信号被 9 GHz 波段雷达接收后,就会在其显示器的荧光屏上以一系列的光点组成的信号形式显示,这是 SART 相应雷达波的回扫信号造成的。当距离近至约 1 n mile 时,由于旁瓣现象,雷达显示器上的标志信号由 12 个光点逐渐扩展为 12 条弧线,再近则可形成 12 个同心圆。

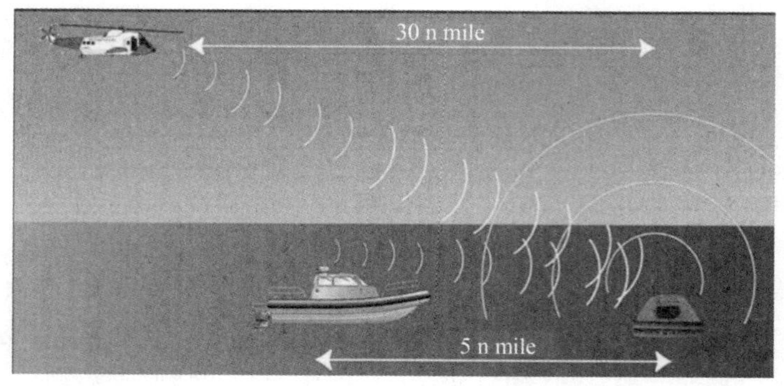

图 3-3-4　Radar-SART 搜救应用示意图

因此，搜救雷达的操作员必须随距离的逐渐接近，适时降低雷达增益，始终保持雷达显示器上的 Radar-SART 标志信号呈 12 个光点状态。亮点的个数与雷达的量程和 Radar-SART 与搜救船的距离有关，其中第一个亮点到雷达荧光屏中心的距离是救助者到遇险者的距离；12 个亮点的距离大约是 8 n mile，每两个亮点之间的距离大约是 0.65 n mile。在距离 Radar-SART 1 n mile 时，亮点将变为宽弧，如果更近，甚至变成同心圆。根据这独特的信号，搜救者可以判断出遇险船舶或者救生艇筏，或者遇险幸存者所在的位置，进行营救。图 3-3-5(a)为 Radar-SART 实物图，图 3-3-5(b)为 Radar-SART 示位原理图，图 3-3-5(c)为搜救雷达屏幕上显示的 Radar-SART 信号。

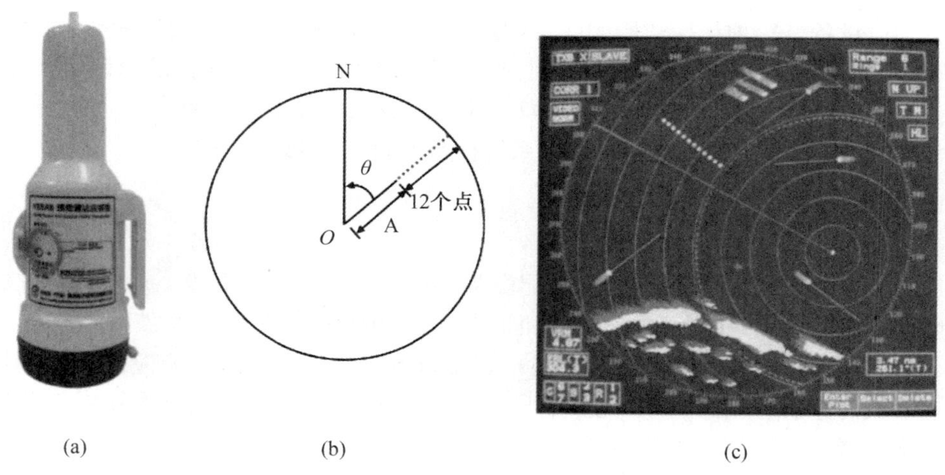

图 3-3-5　Radar-SART 实物图、示位原理图、搜救雷达屏幕上的显示图

(2)Radar-SART 的使用

便携式 Radar-SART 可以在船上使用，或者在救生艇筏上使用。当发生海难需要弃船时，必须携带 Radar-SART 离开母船到救生艇筏上，然后进行适当安装并人工开启，以使 Radar-SART 处于待命状态。同时，应当注意，Radar-SART 和雷达反射器不能放在同一个救生艇筏上使用，因为雷达反射器可能阻挡 Radar-SART 的信号。

2. AIS-SART

(1) AIS-SART 简介

AIS-SART 也是一种船舶救生用的定位装置,可替代 Radar-SART 使用。AIS-SART 设备内置高精度 GPS 终端,在打开开关后,AIS-SART 在两个 VHF 频道(CH 87、CH 88)上交替发射,将自身位置信息和识别码自动精确传送至周围的搜救船舶,并在对方船舶 AIS 显示器上显示方位、距离等信息,从而确保搜救活动的及时与有效。

通常情况下,5 n mile 外的船舶 AIS 可以收到 AIS-SART 的遇险信号,搜救飞机则更远,可达到 20~40 n mile,甚至上百海里。

AIS-SART 具有自己独特的识别码(9 位数字),标在产品外壳上,它由"970+6 位数字"组成(如 970261234),产品出厂前已经写入产品的芯片中,一经写入不能更改。其他船舶如果收到这类识别码的 AIS 位置报告及"SART ACTIVE"内容的安全信息,则可以判断附近有遇险船只或者救生艇筏。

(2) AIS-SART 的使用

在没有弃船的紧急情况下,用 AIS-SART 进行遇险报警的方法是:从支架上取出 AIS-SART,垂直向上放置在室外开敞的地方,并使得 AIS-SART 的开关处于"ON"状态,内部蜂鸣器发出"滴滴滴滴"的声音,表示正在发射。报警结束后,可以将开关置于"OFF"状态,停止发射。在弃船的情况下,需要将 AIS-SART 携带到救生艇筏上,并用随设备提供的伸缩杆或尼龙绳固定在救生艇筏上,操作方法同上。

(二)搜救行动的协调与实施

1. 遇险报警的处理

在国际海事组织海上安全委员会(MSC)的全球搜救计划中,全球海区划分为 13 个海上搜救责任区(Search and Rescue Region, SRR),每个搜救责任区指定一个沿海国政府为救助协调中心(Rescue Co-ordination Center, RCC)。该救助协调中心负责搜集海上紧急信息,建立通信联络,提供搜救服务,并协调同一海区内各国政府之间和相邻海区之间的搜救服务。搜救责任区内的各沿海国应设立自己的救助协调中心,如我国的救助协调中心为中国海上搜救中心,并在本国沿海各分管水域设立救助分中心(Rescue Sub-center, RSC)。

2000 年,中国 GMDSS 地面无线电数选值班台新建工程竣工,全国 18 个海岸电台的 DSC 系统相继投入使用,开始承担相关海域的 DSC 遇险呼叫值守职责;在搜救卫星系统方面,中国于 1994 年加入了 COSPAS-SARSAT 系统,在交通运输部大楼内成立了北京本地用户终端(LUT)和中国搜救任务控制中心(CNMCC),负责对中国服务区的报警数据的实时处理和分配。

当 CNMCC 从北京 LUT 或其他搜救任务控制中心(MCC)收到报警数据后,首先要根据报警数据判断遇险位置是否在自己的服务区内,如果在,则立即把报警信息发给中国海上搜救中心;如果不在,则将报警数据发往自己所属的西北太平洋数据分配区的节点任务控制中心(日本 MCC, JAMCC),再由节点任务控制中心把相应的数据转发给离示位标最近的 MCC,以便更好地进行搜救行动。

2. 海上搜救的程序

海上搜救的基本程序如图 3-3-6 所示。

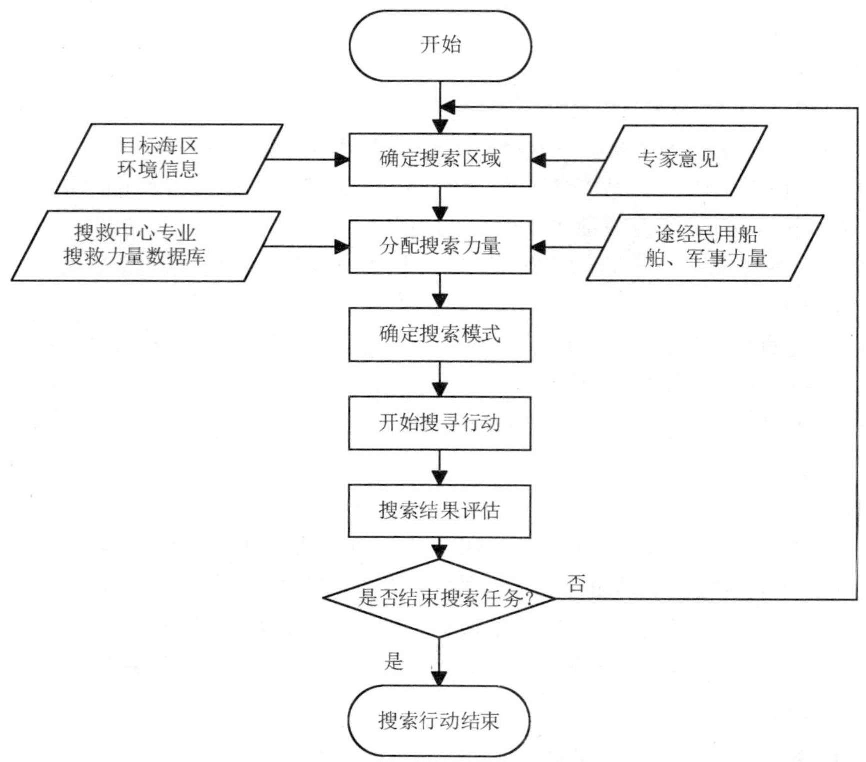

图 3-3-6 海上搜救基本程序

3. 海上搜救中现场指挥的协调

救助协调中心、救助分中心收到遇险信号后，应立即派出专业搜救船舶或飞机，或召集事发现场附近的船舶参与搜救行动。当两个或多个搜救设施共同参与一个搜救任务时，由指定的现场协调人(On-scene Commander, OSC)来协调搜救行动，其他参与搜救的设施则按现场协调人的指示参加搜救活动。

通常现场协调船由专业搜救船舶担任，或者由第一艘抵达搜救现场且具有较为完善的通信设施的船舶或设施担任，其负责人为现场协调人。

海面搜寻协调船的识别信号是：白天悬挂国际信号旗"FR"；夜间则定常显示预定的识别标志。

（三）搜寻计划

为了使船舶和航空器进行有效的搜寻，需事先计划好搜寻模式和程序，以使参与搜救的船舶和航空器最大限度地减少风险和延误。

1. 搜寻基点

搜寻基点是指进行搜寻活动的地理参考点。岸上搜救中心或海面搜寻协调船根据遇险报警的位置，并考虑遇险者受风、流、浪影响的漂流值，确定搜寻目标存在概率最高的位置，并将该位置定为搜索基点，向参加救助的船舶和海岸电台进行通报。以该点为中心对所在区域进行搜索。确定搜寻基点时应考虑的因素如下：

(1)通报遇险的时间和船位。

(2)各救助船到达遇险船船位的时间。

(3)救助船到达之前的时间内,遇险船及其艇筏的漂移量。

(4)救助船驶抵现场前,已飞达现场的搜救飞机所做的情况估计。

(5)遇险船舶的漂移速度可由风压漂移和流压漂移的合速度进行估算,漂移方向为漂移速度的矢量方向。漂移距离等于漂移速度与漂移时间(事故发生时或上一次计算基准时间与搜寻开始时的时间间隔)的乘积。

2. 搜寻区域

搜寻目标有一定存在概率的区域,是一个考虑到所通报遇险位置的不准确性、计算漂移距离有误差,以所求得的搜寻基点为中心的区域。

初始搜寻阶段,遇险最可能存在的区域,是以搜寻基点为中心,以 10 n mile 为半径画圆后,沿漂移距离方向所作该圆的外切正方形区域,如图 3-3-7 所示。

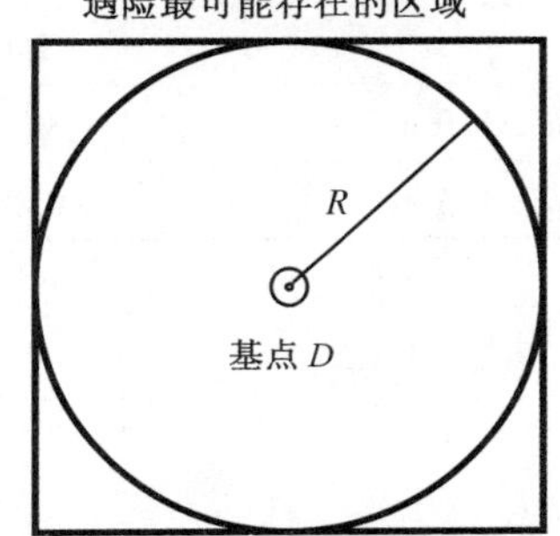

图 3-3-7　搜寻区域

当有多艘搜救船驶达该区域的时候,搜寻区域可能会有所扩大。然而,从搜救实际结果来看,与其在宽广的搜寻区域内粗略地进行搜寻,倒不如在狭窄区域内彻底地进行搜寻。

3. 搜寻线间距 s

除了扇形搜寻模式以外,还需要规定一个搜寻线间距,用 s 表示,搜寻线间距可用下式计算:

$$s = s_u \times f_w$$

其中,s——搜寻线间距(n mile);

s_u——未经修正的搜寻线间距(n mile),如表 3-3-1 所示;

f_w——天气修正系数,如表 3-3-2 所示。

表 3-3-1　未经修正的搜寻线间距 s_u

搜寻目标	能见距离/n mile				
	3	5	10	15	20
落水人员	0.4	0.5	0.6	0.7	0.7
4 人救生筏	2.3	3.2	4.2	4.9	5.5
6 人救生筏	2.5	3.6	5.0	6.2	6.9

续表

搜寻目标	能见距离/n mile				
	3	5	10	15	20
15 人救生筏	2.6	4.0	5.1	6.4	7.3
25 人救生筏	2.7	4.2	5.2	6.5	7.5
长度<5 m 的船舶	1.1	1.4	1.9	2.1	2.3
长度为 7 m 的船舶	2.0	2.9	4.3	5.2	5.8
长度为 12 m 的船舶	2.8	4.5	7.6	9.4	11.6
长度为 24 m 的船舶	3.2	5.6	10.7	14.7	18.1

表 3-3-2　落水人员或救生筏的能见距离的天气修正系数 f_w

天气	天气修正系数	
	落水人员	救生筏
无风	1.0	1.0
风速>28 km/h(15 kn)或浪高>1.0 m	0.5	0.9
风速>46 km/h(25 kn)或浪高>1.5 m	0.25	0.6

(四)搜寻模式

可供使用的搜寻模式有:

1. 扩展方形搜寻

扩展方形搜寻如图 3-3-8 所示,这是用于单船搜寻的一种方式。从基点开始,逐步扩展正方形边长进行搜寻。如果有可能,最好在基点处投下一艘救生筏或其他漂浮标志以观测漂移速度。此后,它可用作整个搜寻过程中的基点标志。

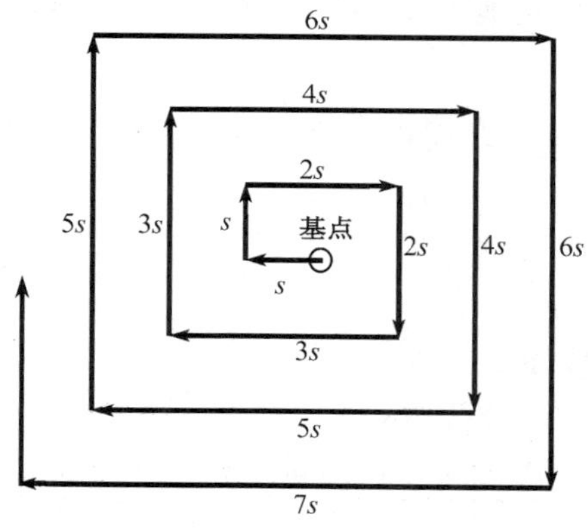

图 3-3-8　扩展方形搜寻模式

2. 扇形搜寻

扇形搜寻如图 3-3-9 所示,这也是用于单船/单飞机搜寻的一种方式。当搜寻目标的可能存在区域较小时,如有人落水或曾看到过搜寻目标但随后不久又丢失等情况,就是宜于实施扇形搜寻的情况,而且发现目标的可能性比较大。

该搜寻模式的半径通常在 2～5 n mile。搜寻中船舶改向角均为右转 120°，分两段进行。前一段搜寻结束时（图中实线航迹），如未发现搜寻目标，应马上右转 30°，进入后一段搜寻（图中虚线航迹）。

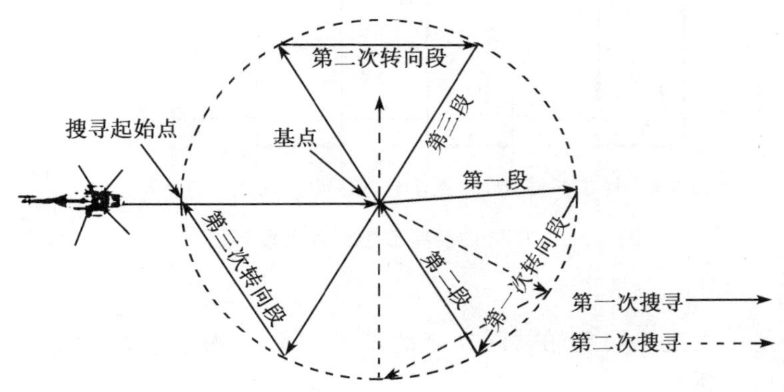

图 3-3-9　扇形搜寻模式

3. 平行搜寻

有两艘或多艘船舶参与救助时，可采用平行搜寻模式。平行搜寻的搜寻方向为遇难船的漂移方向，船舶之间的间隔为搜寻线间距 s。两艘船、三艘船、四艘船和五艘船以上的平行搜寻模式分别如图 3-3-10、图 3-3-11、图 3-3-12 和图 3-3-13 所示。开展平行搜寻的速度以参加搜寻的最慢船的最高速度或救助协调中心的指示为准。

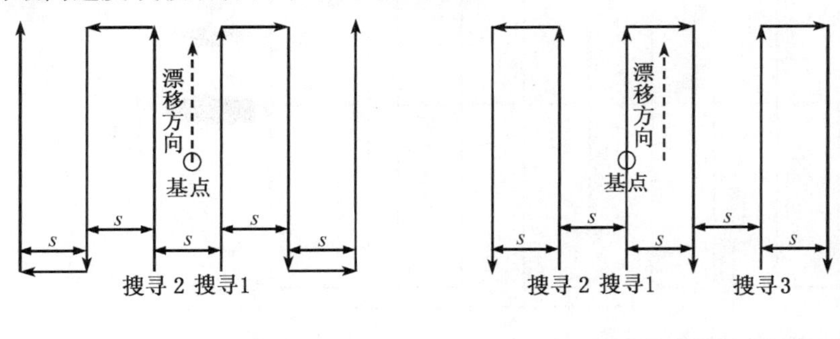

图 3-3-10　平行搜寻（两艘船搜寻）　　图 3-3-11　平行搜寻（三艘船搜寻）

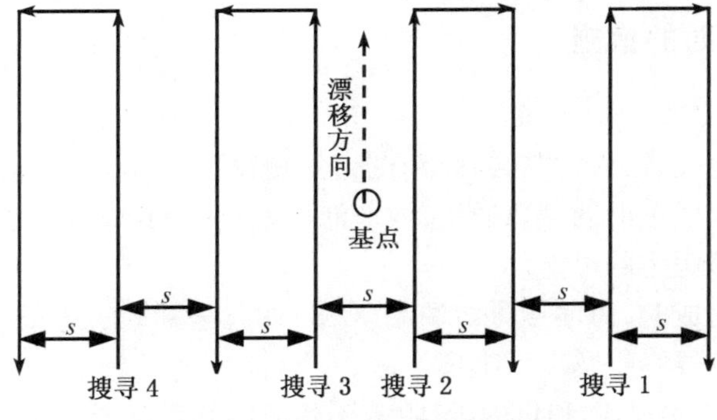

图 3-3-12　平行搜寻（四艘船搜寻）

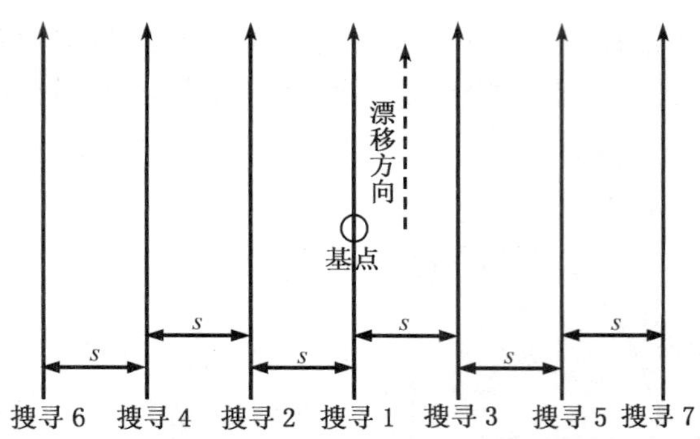

图 3-3-13　平行搜寻(五艘船以上搜寻)

4. 海空协同搜寻

海空协同搜寻是由飞机协同船舶共同搜寻的模式。海空协同搜寻如图 3-3-14 所示。实施海空协同搜寻时应注意:

(1)开始搜寻时,早到达的船舶应首先开始扩展方形搜寻。实施中如飞机赶到时,则船舶仍继续其搜寻,飞机也应单独进入搜寻。

(2)第一次搜寻告一段落,海面搜寻协调船(CSS)或现场指挥(OSC)应根据船舶到达的艘数,确定可有效发挥船舶和飞机搜寻作用的方法,实施第二次搜寻。

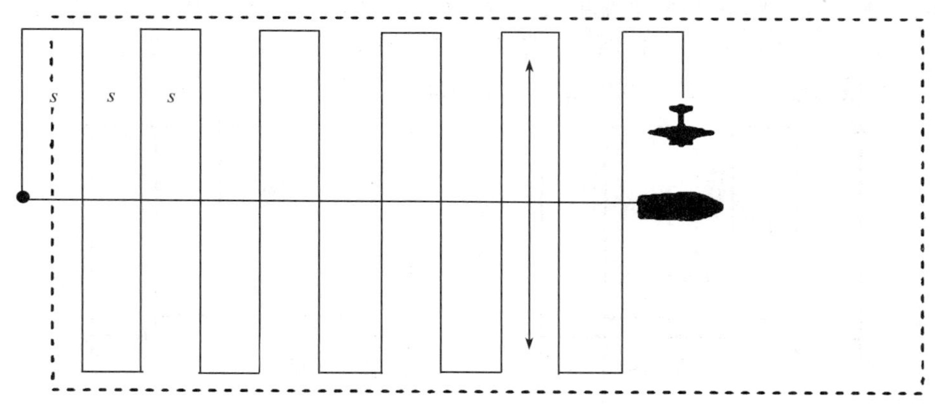

图 3-3-14　海空协同搜寻

(五)搜寻终止时的措施

1. 生存者得救的情况

如有负伤者需医生处置,应将其转移至有船医的船舶上。为此,海面搜寻协调船可向附近航行的船舶发出需要医生援助的紧急通报,或与海岸电台(CSR)联系,了解附近有船医船舶的存在情况和从陆地派遣医生的可能。

救助活动已全部完成时,海面搜寻协调船(CSS)在向全部船舶通报搜寻终止的同时,应向海岸电台(CSR)报告搜寻终止及以下事项:

(1)收容生存者船舶的名称和目的港,收容于各船舶的生存者数量及生存者健康状态;

(2)是否需要医疗援助;

(3)遇险船的现状和是否有碍于航行。

2. 搜寻不成功的情况

当搜寻未取得预定结果时：

(1)决定停止搜寻时应认真考虑以下问题：

①生存者存在于搜寻区域之内的可能性；

②在已搜寻的区域之内若搜寻目标万一还存在，可以发现该搜寻目标的可能性；

③搜寻船和搜寻飞机能在现场滞留的时间；

④生存者在当时的气温、水温、风、浪等实际条件下得以生存的可能性。

(2)海面搜寻协调船(CSS)在与其他陆上的搜救机构协商基础上应做以下处理：

①在沿岸水域遇险时，有关停止搜寻的问题应经由最近的海岸电台(CRS)与陆上的搜救机构协商。

②在海洋水域遇险时，应向救助船通报停止搜寻并请其恢复原航向，同时将通报要点通报陆上的搜救机构。但是，对于处在搜寻区域内及其周围附近的全体船舶，仍要求其继续保持瞭望。

(六)直升机救助时遇险船舶/设施应采取的措施

直升机在海上搜寻中起着重要的作用，它在救助落水人员、医疗转移等方面的应用尤为广泛，但直升机作业存在较大的风险。因此，为了确保直升机作业的安全，除了直升机驾驶员的安全操作外，被救助船舶/设施应严格按照有关规定和要求进行准备和操作。

1. 船舶与直升机之间的通信

直升机作业期间船舶与直升机之间应建立直接的通信联络，并充分理解所交流的信息。除非预先另有约定，在直升机到达之前，船舶应保持在 VHF 16 频道守听。直升机与船舶之间至少在下列方面应进行信息交流：

(1)船舶位置；

(2)到达指定集合地点的航向和航速；

(3)所处海域的气象情况、海况；

(4)如何从空中识别本船(如旗帜、橙色烟雾信号、聚光灯或日光信号灯等)。

2. 直升机降落或吊运区的位置

直升机降落或吊运区是指船上操作区。船上操作区应安排在主甲板上，如可行，两舷都要安排。船上操作区由外部操纵区和内部清爽区两部分组成。内部清爽区应尽量靠近船舷。外部操纵区可能延伸至舷外，但所有内部清爽区都不能延伸至舷外。

(1)外部操纵区和内部清爽区由两个同心圆组成的范围构成。外部操纵区直径至少为 30 m，该区域内的障碍物高度不得超过 3.0 m，内部清爽区至少为 5.0 m。

(2)留出从舷边顺利进出作业区的通道。

(3)在作业区内确定最佳清爽区位置，如没有障碍物的连续甲板。大型船舶可以在甲板上标出一个区域，漆写一个“H”表示用于直升机降落，或涂成黄色以表示仅用于吊运。

(4)为了减小船舶航行中所产生的扰动气流的影响，建议不要在靠近船首的位置设置上述区域。

(5)夜间吊运区内应提供足够照明,照明灯应妥善安置,以免影响航行中飞行员或该区域内的工作人员的视线。照明灯的分布应保证正确识别表面和障碍物标志。对于吊运区灯光照不到的位置,船舶应与飞行员协商,尽可能将船舶照亮,尤其是作业区的障碍物,诸如桅杆、烟囱、甲板装置等。

(6)由于飞机会引起强烈气流,现场附近的衣物或其他散放物品应移开或系牢。

3. 船上安全准备

在直升机降落或吊运前,船舶应做好相应准备工作。在作业开始前,应召开会议,与所有相关人员讨论关于直升机与船舶间作业的安全须知和操作要领。

(1)在直升机作业期间,应准备好下列消防设备或等效设备:

- 至少两个干粉灭火器,总容量不少于 45 kg;
- 一个合适的泡沫施放系统(固定式或便携式),具备每平方米清爽区每分钟不少于 6 L 的泡沫量,并且能维持该流量至少 5 min;
- 二氧化碳灭火器,总容量不少于 18 kg;
- 甲板水系统,并且能保证至少有两根水柱可以喷射至直升机作业区的任何部分;
- 至少两个具有双重功能的消防水龙带喷嘴;
- 防火毯或手套和足够的防火服;
- 在离船点附近放置足够的用于扑灭油火的便携式灭火器;
- 如有可能,应启动消防水泵,接好水龙带备用。

(2)为使直升机飞行员从空中更好地识别船舶和指明风向,船舶应悬挂好三角旗或其他旗帜。

(3)所有相关的船员或需转运的人员都应穿好救生衣。当穿救生衣可能使伤病人员的状况恶化时,可以不穿救生衣。伤病人员不应穿宽松的衣服或戴宽松的帽子。

(4)绞缆端部的起吊装置不得与船舶的任何部位固定,并不得与固定设备的索具绞缠。

(5)除非直升机机组人员要求,否则船上人员不要试图去接触起吊装置。起吊装置的金属部分应与甲板接触以防静电。

(6)在装载易燃或爆炸货物的船舶上的可燃混合气体泄漏区域附近进行直升机绞盘作业时,为避免因静电导致火灾或爆炸事故,绞盘作业接触船体的地方应远离气体泄漏或油舱通风孔。

(7)直升机飞行员一般希望以顶风(相对风向)一侧盘旋接近船舶。作业区上方应尽可能避免干扰,不受烟雾和其他障碍物的影响。

(8)从事直升机作业的船舶应悬挂的号型为垂直的“球、菱形、球” 。

思考题

1. 简述海上搜救通信机制。
2. COSPAS-SARSAT 系统由哪几部分组成?
3. EPIRB 的功能是什么?有哪几种启动模式?
4. SART 有何作用?有哪些类型?在使用中应注意哪些事项?
5. 简述遇险报警的处置流程和海上搜救的基本程序。

6. 海上搜救中确定搜寻基点时应考虑哪些因素？如何确定搜寻区域？
7. 海上搜救中，搜寻的模式有哪些？如何适用？
8. 直升机救助时，被救助船舶或设施应采取哪些措施？

3. 机动船顶推时

(1) $L \geqslant 50$ m

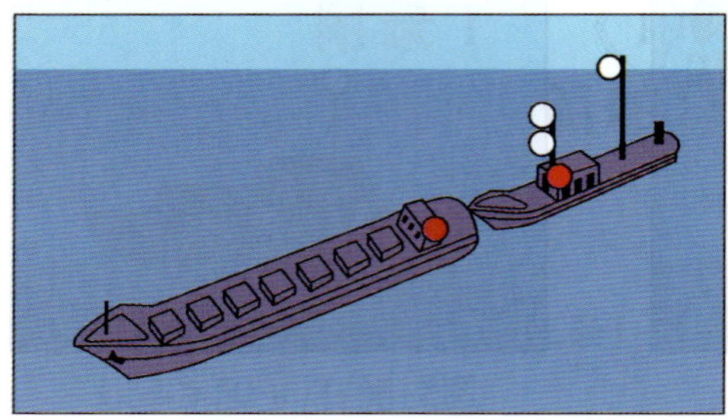

(2) $L<50$ m

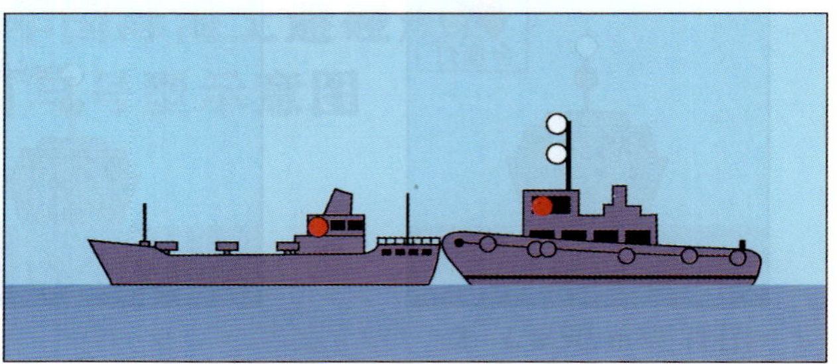

4. 机动船傍拖，$L<50$ m

5. 一艘通常不从事拖带作业的船从事拖带

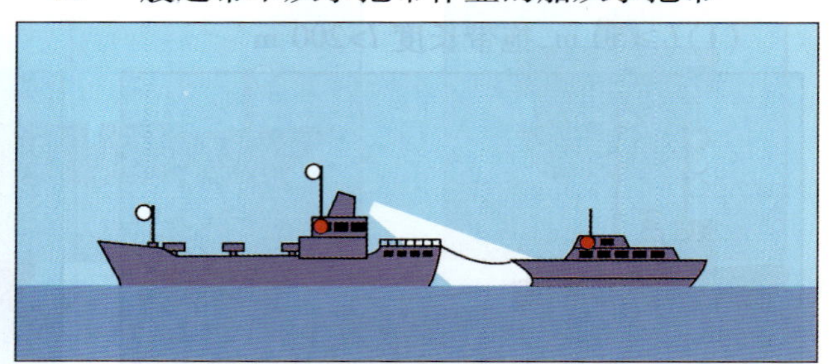

6. 一艘不易觉察的、部分淹没的被拖船舶或物体或者这类船舶或物体的组合体

(1) $b_{被拖}<25$ m

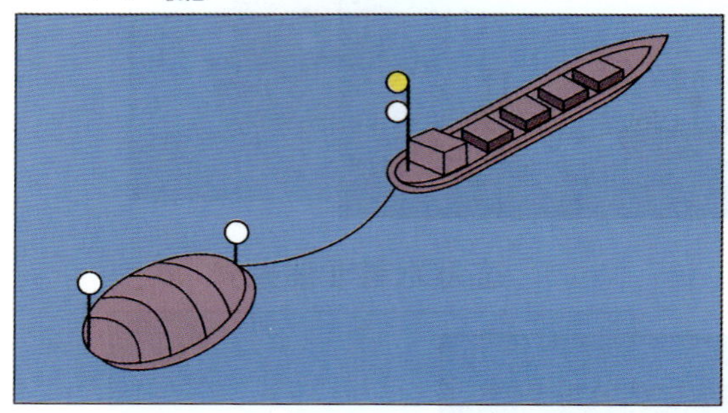

(2) $b_{被拖} \geqslant 25$ m

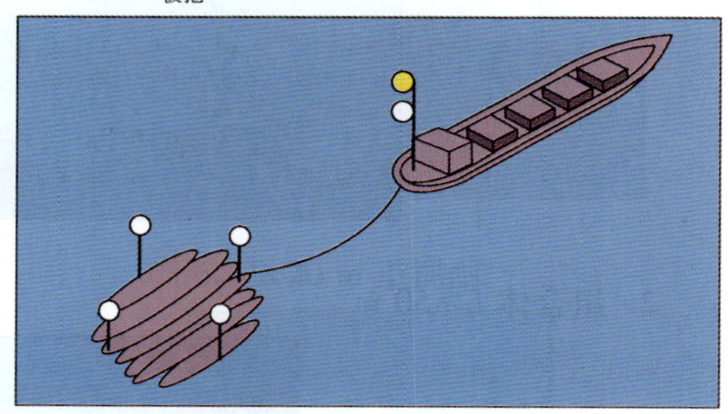

(3) $l>100$ m，$b_{被拖} \geqslant 25$ m

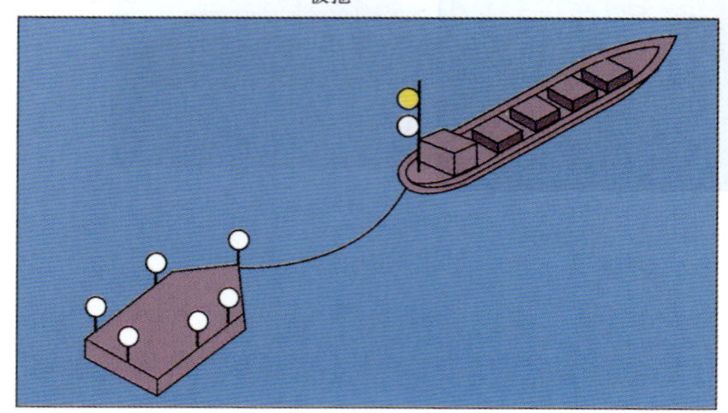

(4) $l>200$ m

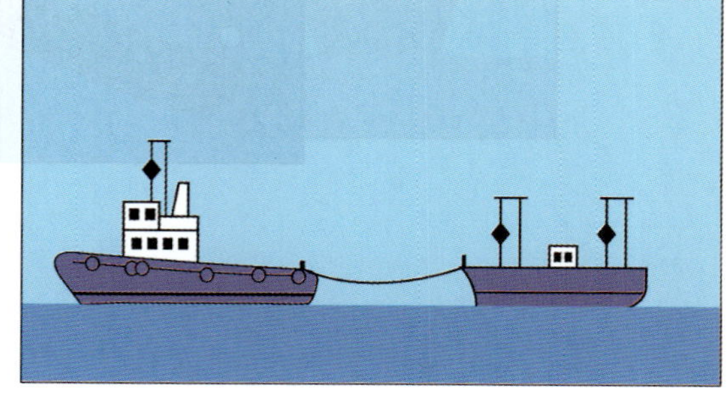

三、在航帆船和划桨船(第二十五条)

1. 在航帆船

(1)$L\geqslant20$ m

(2)$L\geqslant20$ m

(3)$L<20$ m

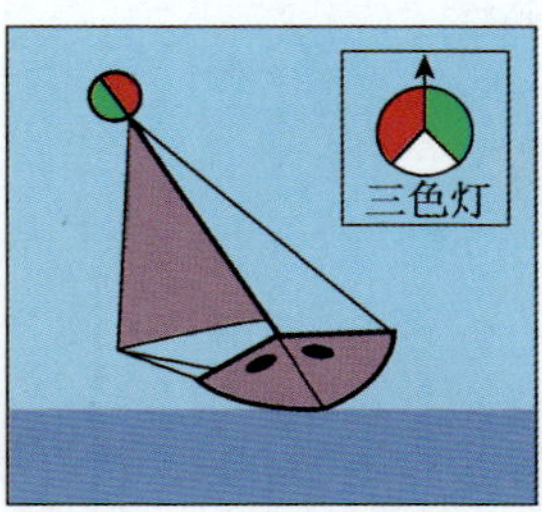

(4)$L<7$ m

2. 机帆并用船

3. 划桨船

四、渔船(第二十六条)

1. 从事拖网作业的渔船

(1)$L\geqslant50$ m,对水移动

(2)$L<50$ m,对水移动

(3)$L<50$ m,不对水移动或锚泊

(4)$L\geqslant20$ m,在航或锚泊

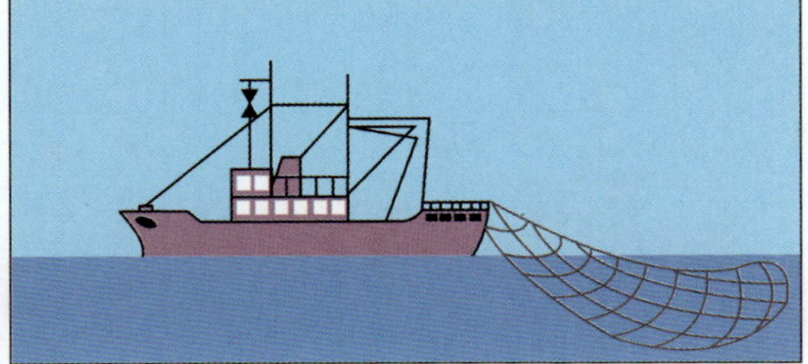

2. 从事非拖网作业的渔船

(1)$l_{渔具外伸}>150$ m,对水移动

(2)$l_{渔具外伸}\leqslant 150$ m,对水移动

(3)$l_{渔具外伸}>150$ m,对水移动

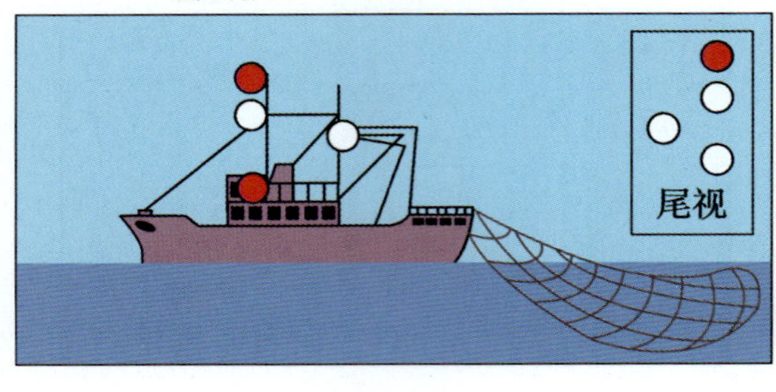

(4)$l_{渔具外伸}\leqslant 150$ m,不对水移动或锚泊

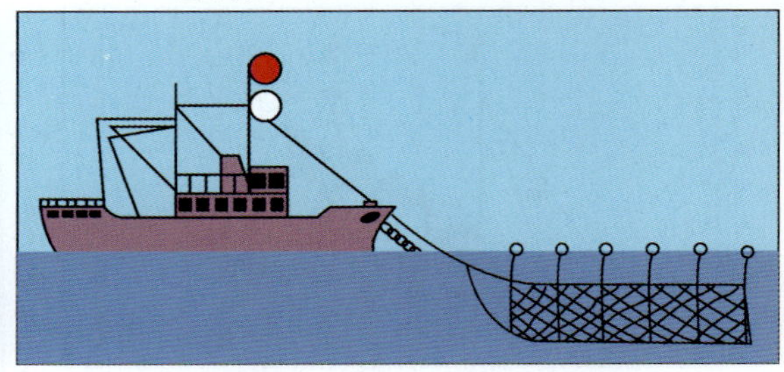

(5)$l_{渔具外伸}>150$ m,在航或锚泊

3. 在相互邻近处捕鱼的渔船的额外信号(附录二)

(1)拖网渔船的额外信号

① 从事拖网捕鱼放网时,$L\geqslant 50$ m

② 从事拖网捕鱼起网时,$L<50$ m

③ 从事拖网捕鱼网挂住障碍物时,$L<50$ m

④ 对拖

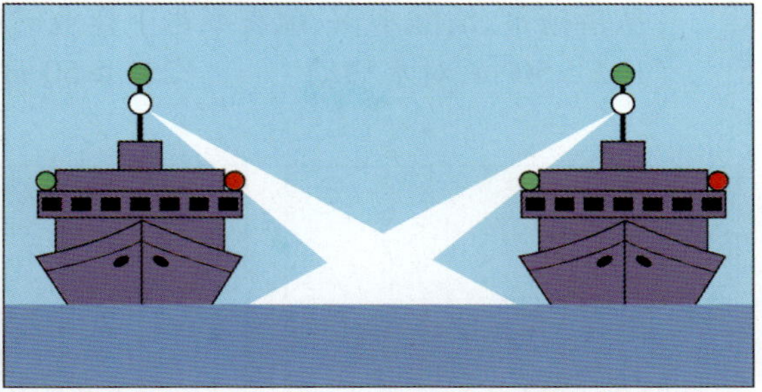

⑤ 对拖放网(起网、网挂住)

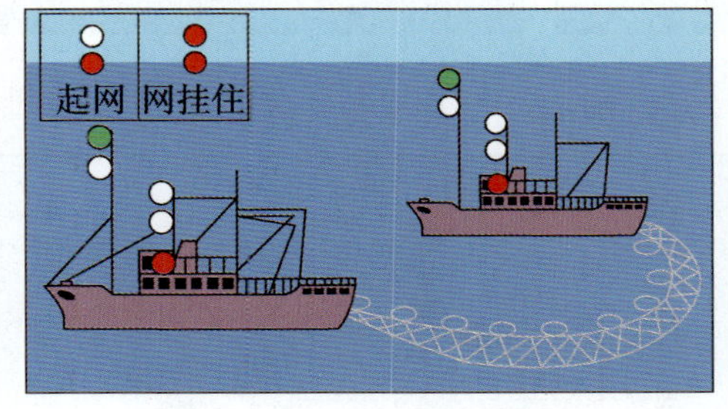

(2)围网渔船的额外信号

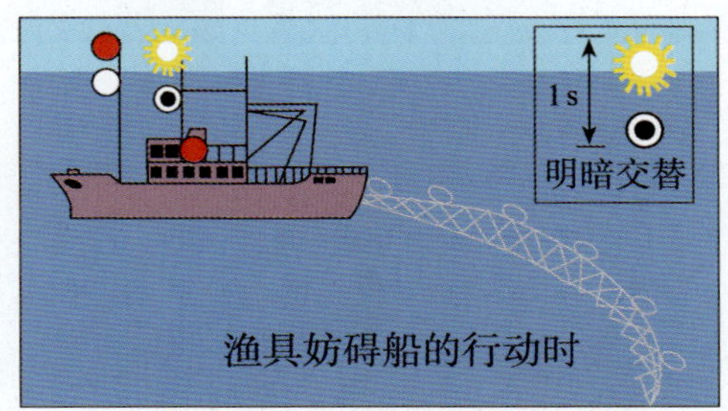

五、失去控制或操纵能力受到限制的船舶(第二十七条)

1. 失去控制的船舶

(1)$L\geqslant12$ m,对水移动

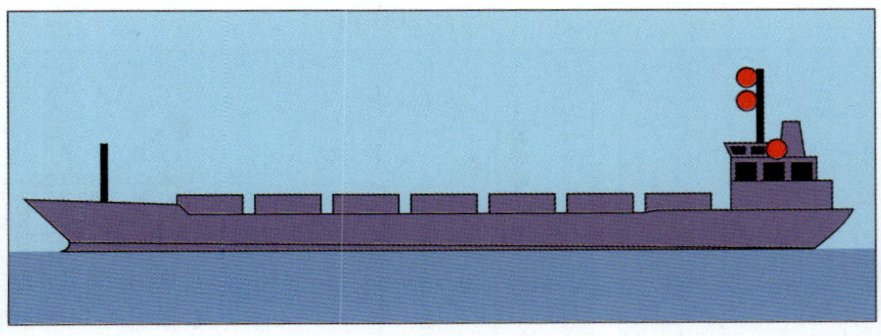

(2)$L\geqslant12$ m,对水移动

(3)$L\geqslant12$ m,不对水移动

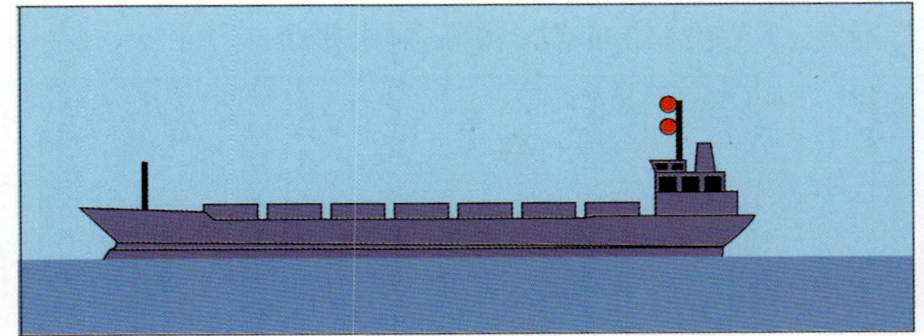

(4)在航

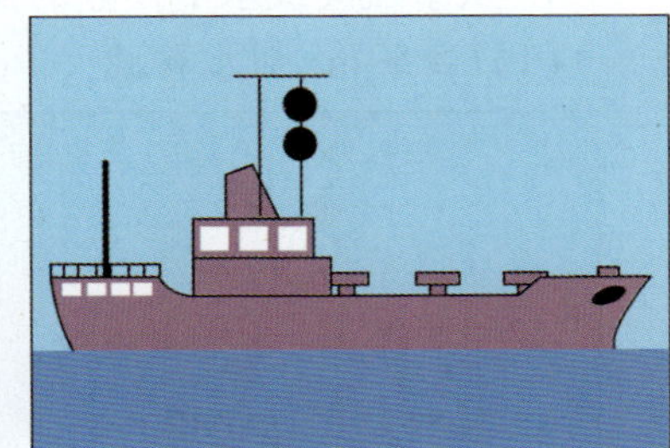

2. 操纵能力受到限制的船舶

（从事拖带、清除水雷、疏浚或水下作业的操纵能力受到限制的船舶除外）

(1) $L \geqslant 50$ m，对水移动

(2) $L \geqslant 50$ m，对水移动

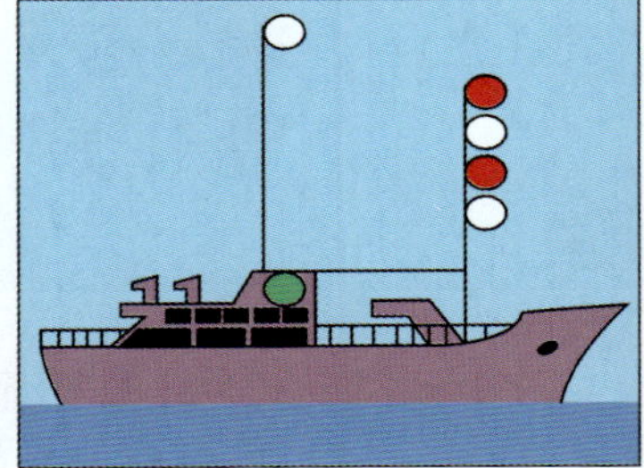

(3) $L<50$ m，不对水移动（锚泊时加锚灯）

(4) 在航

(5) 锚泊

3. 从事拖带而偏离航向的能力严重受到限制的机动船

(1) $L<50$ m，$l>200$ m

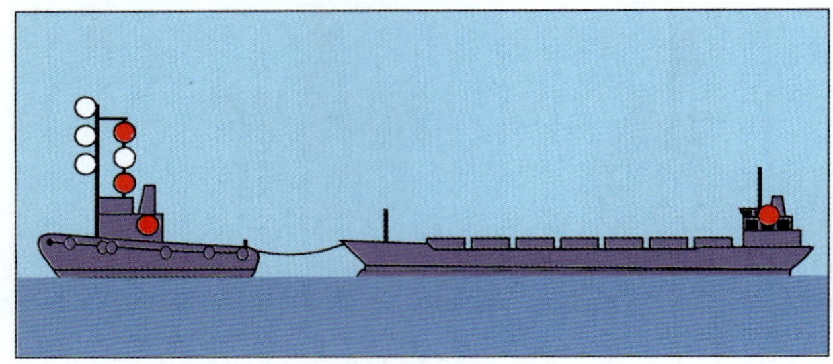

(2) $l>200$ m

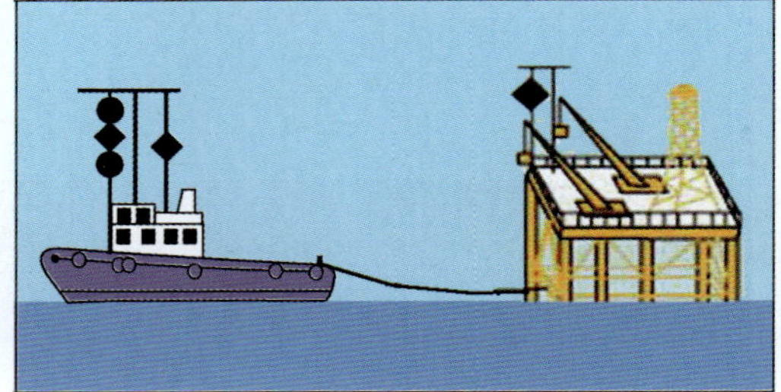

4. 从事疏浚或水下作业的操纵能力受到限制的船舶

(1) $L \geqslant 50$ m，对水移动

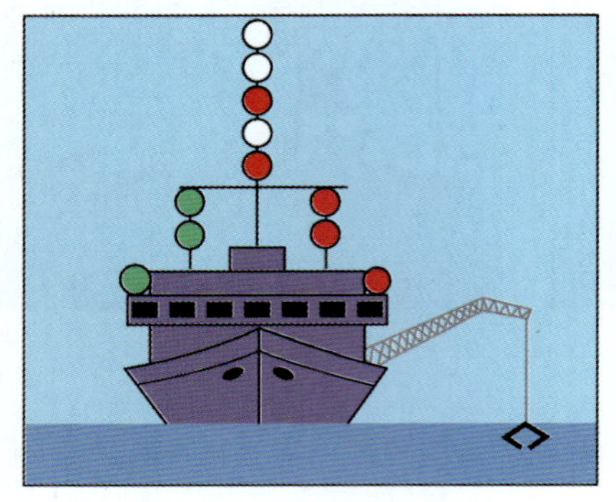

(2) 12 m $\leqslant L<50$ m，对水移动

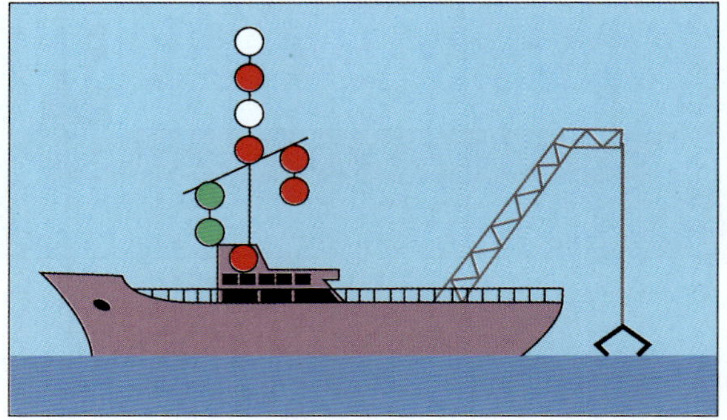

（3）不对水移动或锚泊

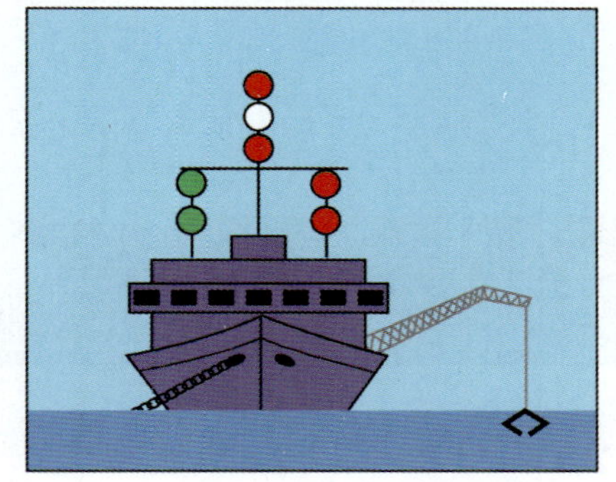

（4）在航或锚泊

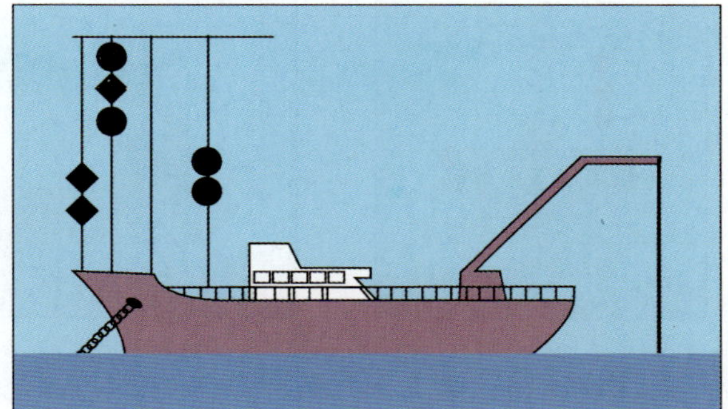

5. 从事潜水作业的船舶

6. 从事清除水雷作业的船舶

（1）$L<50$ m

（2）在航

（3）$L<50$ m，锚泊

（4）锚泊

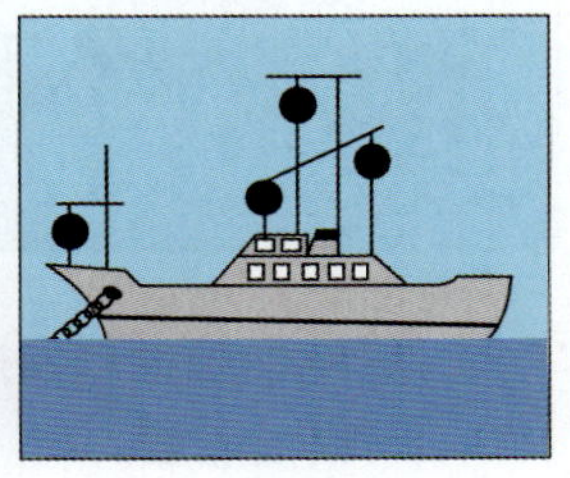

六、限于吃水的船舶（第二十八条）

（1）$L\geqslant 50$ m

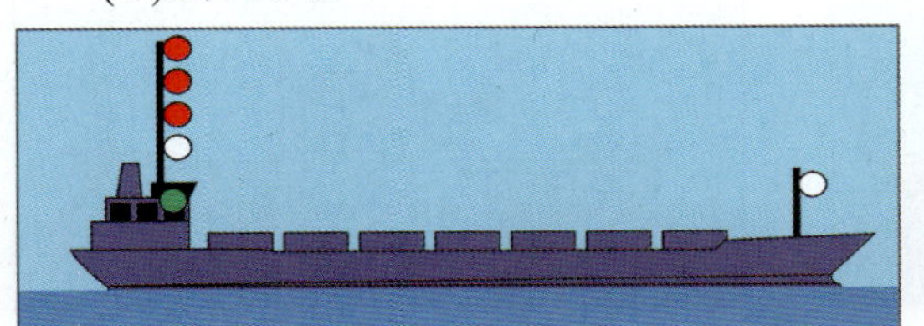

（2）$L\geqslant 50$ m

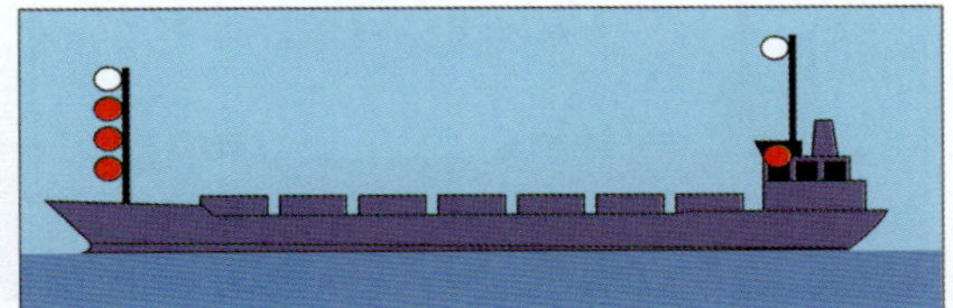

(3) $L \geqslant 50$ m

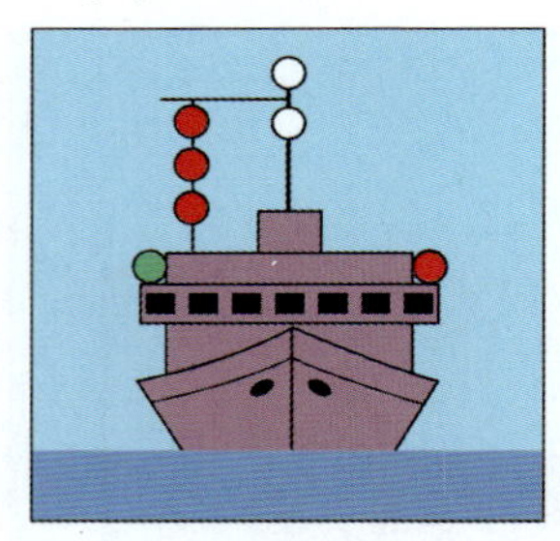

(4) 在航

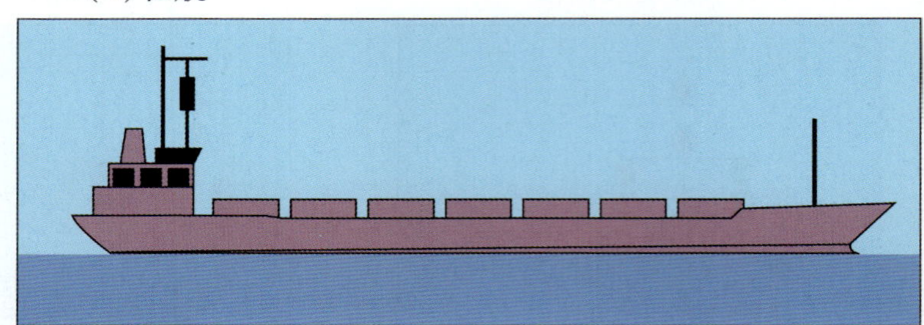

七、引航船舶(第二十九条)

(1) $L \geqslant 20$ m

(2) $L \geqslant 20$ m

(3) $L \geqslant 20$ m

(4) 锚泊($L<50$ m)

(5) $L<20$ m

(6) 锚泊

八、锚泊船舶和搁浅船舶(第三十条)

1. 锚泊船舶

(1) $L \geqslant 100$ m

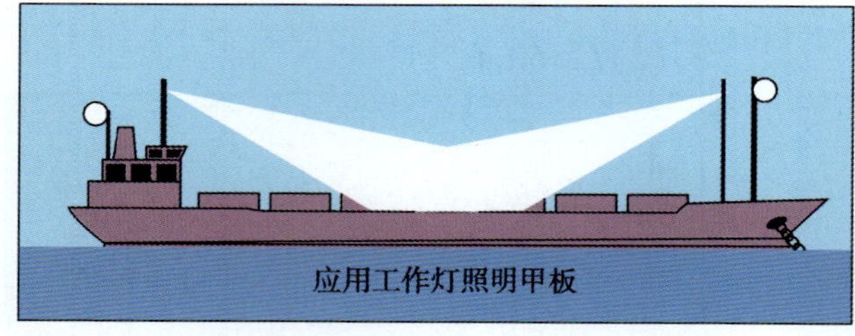

(2) 50 m $\leqslant L<100$ m

(3) L 不限

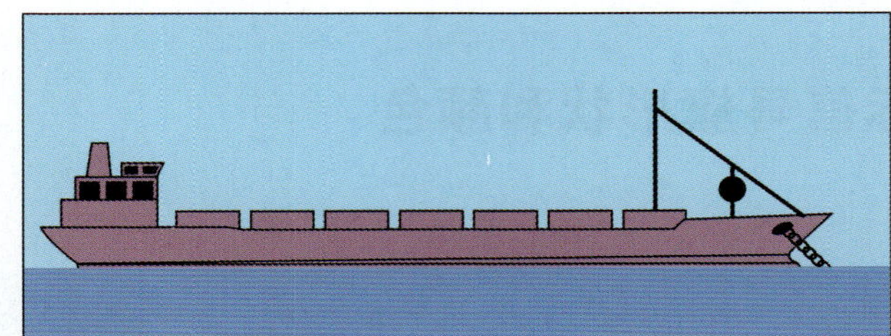

(4) $L<50$ m

2. 搁浅船舶

(1) $L \geqslant 50$ m

(2) 12 m $\leqslant L<50$ m

(3) L 不限

九、水上飞机(第三十一条)

1. 水上飞机

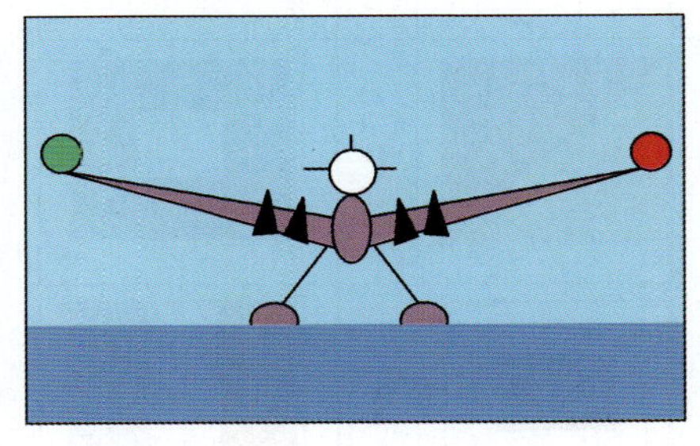

2. 地效船

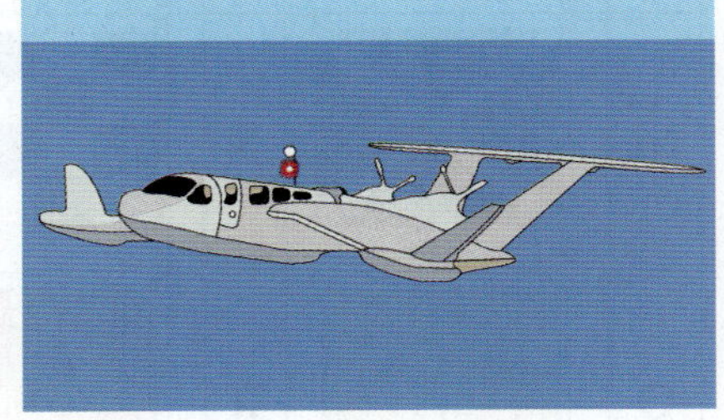

十、招引注意的信号(第三十六条)

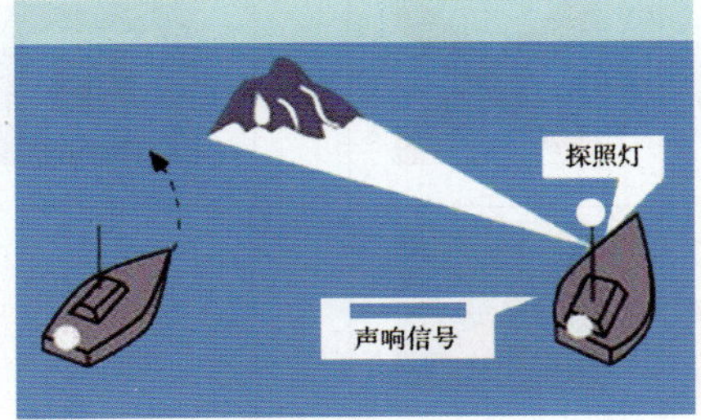

附录Ⅱ　国际信号旗形状和颜色

字母旗

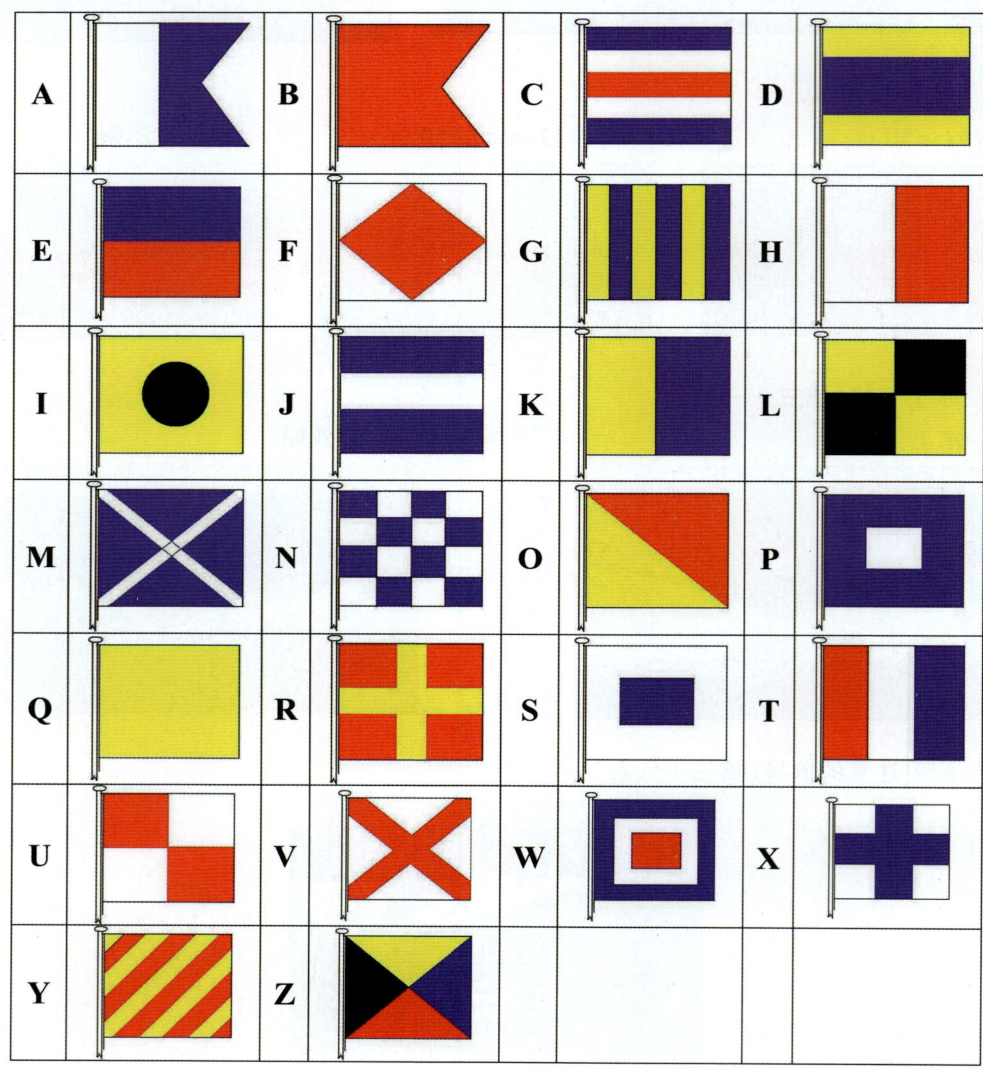

数字旗、回答旗和代旗

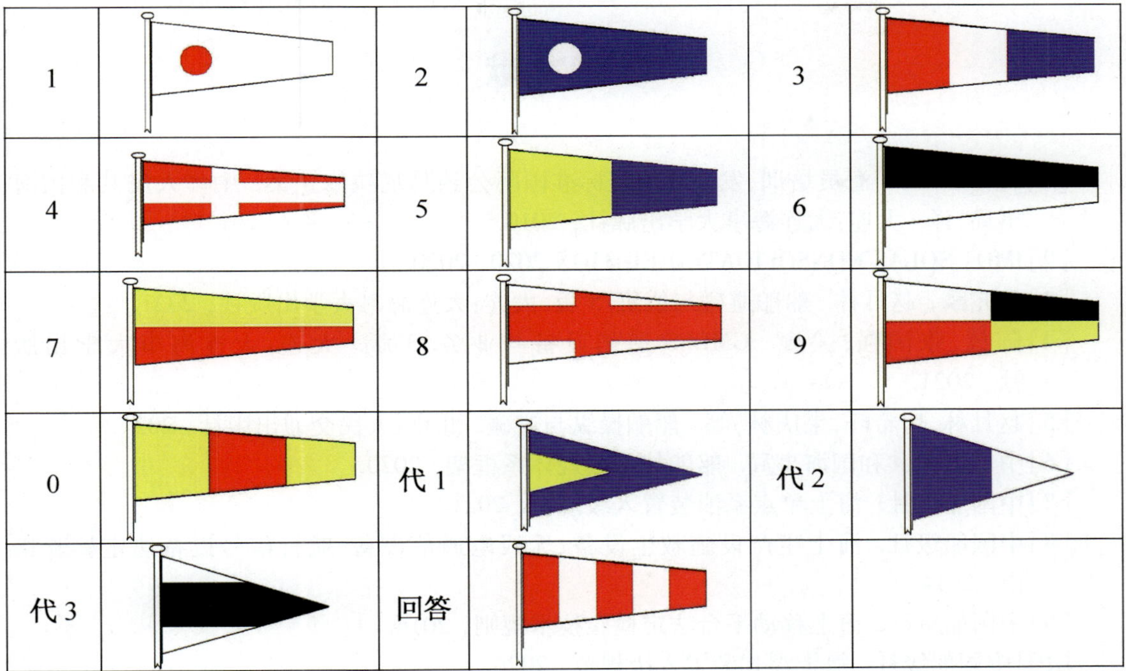

参考文献

[1]IMO. 1978 年海员培训、发证和值班标准国际公约马尼拉修正案. 中华人民共和国海事局,译. 大连:大连海事大学出版社, 2010.

[2]IMO. SOLAS CONSOLIDATED EDITION 2020, 2020.

[3]吴兆麟, 赵月林. 船舶避碰与值班. 5 版. 大连:大连海事大学出版社, 2021.

[4]陈放,张国强,关巍. GMDSS 通信设备与业务. 3 版. 大连:大连海事大学出版社, 2021.

[5]赵月林,房希旺,杲庆林,等. 船舶操纵与避碰. 北京:人民交通出版社, 2021.

[6]中华人民共和国海事局. 船舶技术法规体系框架, 2020.

[7]中国船级社. 海上单点系泊装置入级规范, 2021.

[8]中国船级社. 海上生产设施救生设备、无线电通信设备、航行信号设备法定检验指南, 2014.

[9]中国船级社. 海上移动平台法定检验技术规则, 2016.

[10]中国船级社. 海上浮式装置入级规范, 2020.

[11]中国船级社. 海上升压站平台指南, 2019.

[12]中国船级社. 海上渔业养殖设施检验指南, 2019.

[13]中国船级社. 海上浮式装置入级规范, 2020.

[14]中海石油(中国)有限公司深圳分公司. 船舶安全管理细则(海油)最新的细则, 2021.

[15]中海石油(中国)有限公司深圳分公司. 中海石油(中国)有限公司深圳分公司海上设施及服务船舶瞭望和监视管理办法, 2021.

[16]陈海, 杨树波, 金晓剑. 海上油气田生产设施安全防范系统探索. 石油机械, 2015, 43(3):68-72.

[17]杨家轩,张树奎,任云烨. GMDSS 设备操作. 大连:大连海事大学出版社,2021.